ro
ro
ro

ro
ro
ro

Stefanie Schulz
Daniel Quinlan

See you again – mit Herzklopfen

Eine deutsch-englische Geschichte

Rowohlt Taschenbuch Verlag

2. Auflage September 2007

Originalausgabe
Veröffentlicht im Rowohlt Taschenbuch Verlag,
Reinbek bei Hamburg, Februar 2007

Lektorat Christiane Steen
Umschlagillustration Barbara Korthues
Umschlaggestaltung any.way, Andreas Pufal

Satz Minion PostScript (InDesign)
Pinkuin Satz und Datentechnik, Berlin
Druck und Bindung Druckerei C. H. Beck, Nördlingen
Printed in Germany
ISBN 978 3 499 21378 6

Inhalt

Chapter One – ***Sommer, Sonne, Ferienzeit*** *7*

Kapitel Zwei – ***Parents!*** *11*

Chapter Three – ***Über den Wolken*** *14*

Kapitel Vier – ***Hello again*** *19*

Chapter Five – ***Wie im Bilderbuch*** *22*

Kapitel Sechs – ***Britney loves …*** *27*

Chapter Seven – ***Tobias liebt …*** *30*

Kapitel Acht – ***Boy talk*** *33*

Chapter Nine – ***Ein Eis, bitte*** *35*

Kapitel Zehn – ***Fun at the pool*** *38*

Chapter Eleven – ***Will Smith spricht Deutsch!*** *43*

Kapitel Zwölf – ***What's wrong?*** *47*

Chapter Thirteen – ***Liebeskummer*** *52*

Kapitel Vierzehn – ***More messages*** *55*

Chapter Fifteen – ***Stille*** *58*

Kapitel Sechzehn – ***It's good to have friends*** *61*

Chapter Seventeen – ***Schlechtes Timing*** *65*

Kapitel Achtzehn – ***School begins*** *70*

Chapter Nineteen – ***Vor der ganzen Klasse!*** *75*

Kapitel Zwanzig – ***After-school girl talk*** *80*

Chapter Twenty-one – ***Der Unfall*** *82*

Kapitel Zweiundzwanzig – ***Björn visits Tobias*** *88*

Chapter Twenty-three – ***Friede, Freude, …*** *92*

Kapitel Vierundzwanzig – ***The soccer match*** *96*

Chapter Twenty-five – ***Elfmeter!*** *104*

Kapitel Sechsundzwanzig – ***The teddy bear*** *108*

Chapter Twenty-seven – ***Punch und Pizza*** *113*

Kapitel Achtundzwanzig – ***The contract*** *120*

Chapter Twenty-nine – ***Tschüs, Britney*** *125*

Chapter One –
Sommer, Sonne, Ferienzeit

Die Sonne brannte nur so vom Himmel herunter, als Tobias sein Fahrrad vor dem Freibad abschloss. Die Schlange an der Kasse war kurz, er zahlte und machte sich auf die Suche nach bekannten Gesichtern. Die Sommerferien hatten schon vor mehr als vier Wochen begonnen, und seitdem war er mit vielen anderen aus seiner Schule fast jeden Tag im Schwimmbad gewesen. Heute konnte Tobias allerdings keinen seiner Freunde entdecken.

‹Ist ja noch ziemlich früh›, dachte er, ‹die kommen sicher bald.›

Er warf Rucksack, Jeans und T-Shirt an seinen Stammplatz auf der Liegewiese, sprang ins Wasser und kraulte ein paar Bahnen. Dann breitete er sein Handtuch auf dem Rasen aus und machte es sich bequem. Mit den Kopfhörern seines MP3-Spielers im Ohr und dem Rucksack als Kissen unterm Kopf döste Tobias in der Sonne vor sich hin, bis ihn nach einer ganzen Weile ein lautes Geräusch aufschrecken ließ.

Der Verursacher des Geräusches war Björn, ein Junge aus seiner Parallelklasse, den Tobias vor ein paar Monaten auf dem Schüleraustausch in den USA kennengelernt hatte. Björn war bepackt, als wollte er gleich wieder auf Reisen gehen: Neben einem Rucksack, einer Sporttasche und einer Decke hatte er eine riesige Kühlbox dabei, die er mit lautem Scheppern direkt neben Tobias' Kopf auf den Rasen gestellt hatte.

«Hey, Tobias!», rief Björn. Tobias nahm seine Kopfhörer herunter.

«Hallo», antwortete er, noch etwas schläfrig. Und dann, mit einem Blick auf die Kühlbox: «Was schleppst du denn hier alles an?»

Björn lächelte. «Getränke natürlich, und Eiswürfel. Cola, Wasser, Eistee. Seit wir in Wisconsin waren, trinke ich das alles nur noch eisgekühlt.»

Tobias nickte. In den USA hatten die Getränke wirklich immer mehr aus Eis als aus Flüssigkeit bestanden. Und jetzt, bei der Hitze, war das wirklich keine schlechte Idee.

«Kann ich eine Cola?», fragte er seinen Freund deshalb.

«Bedien dich», sagte Björn.

Während Tobias einen Plastikbecher mit Eiswürfeln füllte und diese mit Cola übergoss, ergriff Björn wieder das Wort.

«Jetzt sind es nur noch zwei Tage», sagte er, «freust du dich schon?»

Tobias wusste sofort, was Björn meinte.

«Noch zwei Tage», wiederholte Björn grinsend, «dann kommt Britney.»

Tobias grinste zurück und nickte.

«Mom! Mom!», a loud voice shouted through the Summerfield's house in Appleton, Wisconsin. The voice belonged to Britney. She was standing in the middle of her room. The room was a mess: T-shirts, jeans, and jackets were lying on the bed; shoes, books, magazines and thousands of other things were all over the floor. On top of the desk, there was a big backpack.

«*Mo-o-o-om!*»

Mrs Summerfield entered Britney's room. She looked at her fifteen years old daughter, then she looked at the chaos in the room. She shook her head.

«What is it, Britney?», she asked.

«I think I need your help, Mom», Britney said. «I'll be in Germany for three weeks, and I just don't know what to pack.»

«You should bring all your summer clothes», Mrs Summerfield said, «and one or two sweatshirts for colder days.»

Britney nodded. «I also need my soccer outfit, running shoes, flip-flops, my blue skirt, the black blouse ...» She thought for a moment. «Do you think I should bring my bikini?»

«I don't know», Mrs Summerfield answered. «Why don't you call Madison and see what she thinks?»

«That's a great idea, Mom!», Britney said.

She went downstairs and called Madison's number. Madison had been Britney's best friend for a long time. Both girls had just finished the ninth grade in high school, they both loved to play soccer, and they were both taking part in the German-American exchange program.

«Hello?», somebody answered the phone.

«Hey, Madison», Britney said. «How are you?»

«Hey, girl», Madison answered. «I'm great! I just finished

packing my suitcase. Can you believe that we're going to Germany tomorrow?»

«I'm sooooo excited!», Britney answered. «And I can't wait to see Tobias again!»

«I'm looking forward to seeing Anna, too», Madison laughed, «But I think that's not quite the same thing ...»

Anna was Madison's exchange partner. She had stayed at Madison's house for three weeks when the German group had come to Wisconsin in the spring. Tobias had stayed with Britney. They had not seen each other for three months, but Britney still really, really liked Tobias.

Then Britney remembered why she had called her friend. «Are you bringing your bikini?» she asked.

«Yes, I am», Madison answered. «Anna sent me a list of clothes I should bring; an alphabetical list!»

Britney laughed. «That's so typical of Anna!»

«That's true», Madison agreed.

Britney would have liked to stay on the phone, but then she remembered her empty suitcase.

«I have to go, Madison», Britney said. «But I'll see you tomorrow.»

«I'll see you at the airport», Madison answered, «and don't forget your bikini!»

Kapitel Zwei –
Parents!

Bis zum Abend war Tobias mit Björn und ein paar anderen Jungs im Schwimmbad geblieben. Als er nach Hause kam, empfing ihn seine Mutter schon an der Tür.

«Da bist du ja», sagte sie statt einer Begrüßung.

Tobias guckte sie fragend an, während er seinen Rucksack neben der Garderobe fallen ließ. Bevor er etwas sagen konnte, fuhr sie fort: «Britney kommt übermorgen.»

«Ich weiß», sagte Tobias.

«Ich weiß, dass du das weißt, Tobi», sagte seine Mutter lächelnd. «Wir müssen aber noch ein paar Sachen besprechen. Zum Beispiel habe ich überlegt, ob wir Britney alle gemeinsam vom Bus abholen sollen, du, Papa und ich.»

‹Bloß nicht›, dachte Tobias bei sich. «Ach nein», sagte er laut. «Ich hol sie lieber allein ab. Björns Eltern können uns dann hier absetzen.»

Zum Glück schien seine Mutter mit dieser Idee einverstanden. «Dass Britney im Gästezimmer schläft, haben wir ja schon letzte Woche besprochen. Jetzt müssen wir uns Gedanken machen, ob noch etwas Wichtiges fehlt. Wir wollen ja, dass Britney sich bei uns wohlfühlt! Soll ich die alte Stehlampe aus dem Keller holen, damit sie im Bett lesen kann? Und wie wäre es mit einer schönen Topfblume auf dem Fensterbrett, würde Britney das gefallen?»

«Ich finde, das Gästezimmer ist total in Ordnung, wie es ist», unterbrach Tobias den Redeschwall seiner Mutter.

Frau Stein nickte und setzte gleich zur nächsten Frage an. «Und was isst man in Amerika eigentlich? Müssen wir noch etwas Bestimmtes einkaufen? Papa geht morgen früh in die Stadt und ...»

«Ich glaube, Britney isst alles, was wir auch essen», warf Tobias ein.

«Aber ...», begann Frau Stein wieder, doch Tobias wollte nicht weiter mit seiner Mutter über Britney reden.

«Ich geh gleich mal das Gästebett beziehen», fiel er ihr ins Wort, quetschte sich an ihr vorbei und lief die Treppe hinauf.

Während er das Laken aufzog, dachte er an das Zimmer zurück, das er bei Britney bewohnt hatte. Sein Bett bei den Summerfields war etwas größer gewesen, und die Möbel waren etwas altmodischer. Dann fiel ihm ein, dass Britney ein Poster der amerikanischen Fußballnationalmannschaft der Frauen in sein Zimmer gehängt hatte und dass sie sich deswegen ganz schön in die Haare gekriegt hatten. Er lächelte vor sich hin. ‹Vielleicht sollte ich hier auch noch ein Poster aufhängen›, dachte er. Dann hatte er eine noch viel bessere Idee. Er lief in sein eigenes Zimmer, das direkt neben dem Gästezimmer lag. Dort nahm er ein ziemlich großes gerahmtes Bild vom Regal und platzierte es grinsend auf Britneys Nachttisch.

Once Britney had finished packing her suitcase, she was ready to go to bed. She was really excited: only one more night and she would be on her way to Germany! She brushed her teeth, put on her pajamas and went to the living room to say good night to her parents. Mr Summerfield was reading a book, and Mrs Summerfield was watching the news. When Britney entered the room, she turned the TV volume down.

«Hey, darling, how are you?», she said to her daughter.

«I'm great, Mom», Britney said, «but I think I'm going to bed now.»

Mr Summerfield looked up from his book. «Have you packed everything?», he asked.

«Yes, I think so», Britney nodded.

«Are you sure?», Mr Summerfield asked. «Do you have your passport? And your plane ticket? And do you have some snacks for the trip?»

«Yes, Dad, I'm pretty sure I packed everything I need», Britney answered.

«Are you *sure* you have your ticket and your passport? Maybe you should check your bag? I'm not too worried about stuff you can buy once you're there, but if you get to Chicago without a ticket or passport, you can forget about going», her dad repeated.

«I'm sure I packed the important stuff, Dad. I'm *totally* sure I packed my ticket and passport», she said and sat down next to him on the couch. Mr Summerfield nodded, looking a little less worried. Now Mrs Summerfield began.

«Did you remember to pack your toothbrush? And what about your soccer outfit?»

«I packed it all», Britney answered.

«And did you make sure to pack your camera?», Mrs Summerfield continued.

«Yes, Mom.» Britney was starting to feel angry. Did her parents think she was a little baby?

«And what about your bikini? Did you pack it?»

Britney jumped out of her seat. The bikini!

«Thanks for reminding me, Mom!», she said as she ran out of the room. Sometimes, Britney thought, parents *were* helpful after all.

Chapter Three – ***Über den Wolken***

Seitdem Tobias Björn im Freibad getroffen hatte, war schon wieder ein ganzer Tag vergangen. Heute war er nicht schwimmen gewesen, sondern hatte stattdessen – zur großen Verwunderung seiner Eltern – einen regelrechten Frühjahrsputz veranstaltet. Frau und Herr Stein staunten nicht schlecht, als ihr Sohn zuerst in seinem Zimmer für Ordnung sorgte und dann gleich das ganze Haus auf Vordermann brachte: Erst saugte er überall Staub, dann sortierte er die CDs im Wohnzimmer und sammelte die Zeitungsseiten zusammen, die überall auf der Couch verteilt waren. Als Nächstes stellte er im Flur alle Schuhe ordentlich ins Regal und vergewisserte sich dann, dass auch im Badezimmer alles glänzte. Als Tobias sich bei der Überlegung ertappte, ob er auch noch den Rasen mähen sollte, musste er über sich selbst lachen. Dieser ganze Aufwand, nur weil Britney zu Besuch kam! Tobias beschloss, dass sie sich nicht für den Zustand des Rasens interessieren würde und dass er ohnehin schon mehr als genug geschuftet hatte. Er entschied, sich eine Pause zu gönnen, und warf sich kurzerhand im Schatten des Kirschbaums ins ungemähte Gras.

Ob Britney sich wohl genauso freute, ihn wiederzusehen? Sie hatten in den letzten Monaten ein paarmal telefoniert, aber sich sonst nur E-Mails geschickt. Wo Britney sich jetzt wohl gerade befand? Tobias rechnete nach: Wahrscheinlich saß sie schon mit den anderen im Flugzeug. Und über den angenehmen Gedanken, dass sie schon in weniger als 24 Stunden zusammen hier im Garten sitzen würden, schlief Tobias ein.

After they had said goodbye to their parents at Chicago Airport, the American students and their teacher, Mrs Mayers, boarded the plane to Frankfurt. They had been in the air for more than five hours when Britney finally took a break from the movie on the screen in front of her. She noticed that she was the only one awake. Madison had fallen asleep hours ago. Britney had been too excited to sleep the night before. She still couldn't relax and she was getting more and more nervous. Was Tobias still going to like her? And, more importantly, was *she* still going to like him?

She also wondered what Germany would be like. Was Tobias' city going to be anything like Appleton? Would she be able to understand enough German? What about German food? Did everybody there eat *Bratwurst* or *Schnitzel* every day? Britney decided to ask Mrs Mayers who was sitting behind her. She turned around, but the teacher was asleep, too. Britney sighed.

She tried to watch the movie again, but it was really boring, so she closed her eyes and tried to think of Tobias. She remembered all the things they had done together: she thought of their trip to Chicago and how they had gotten lost in the big city. She remembered the soccer tournament, and she thought of the scary day by the lake when they had almost been hit by a tornado. With the memories playing like a movie in her head, Britney finally fell asleep.

Tobias wachte auf, weil ihn jemand unsanft in die Seite stieß. Er öffnete die Augen und sah – schon zum zweiten Mal in dieser Woche – Björns grinsendes Gesicht vor sich.

«Wo kommst du denn schon wieder her?», fragte Tobias verwundert.

«Deine Mutter hat uns reingelassen und gesagt, dass du im Garten bist», erklärte Björn.

«Uns?», fragte Tobias. Erst dann sah er, dass noch eine zweite Person zu Besuch gekommen war: Ein großes blondes Mädchen mit einem Berg Zettel in der Hand trat gerade mit seiner Mutter durch die Terrassentür. Sie schien in eine langwierige Erklärung vertieft, der Frau Stein mit interessiertem Nicken zuhörte.

«Anna!», sagte Tobias halb überrascht, halb belustigt.

Anna ging wie Björn in seine Parallelklasse und war auch beim Austausch dabei gewesen. Manchmal fand Tobias sie ziemlich anstrengend, aber eigentlich, musste er zugeben, war sie ganz in Ordnung.

Jetzt hatte Anna seiner Mutter einen Zettel überreicht und kam winkend zu ihnen herübergelaufen.

«Hallo, Tobias», sagte sie und reichte auch ihm einen Zettel. «Björn und ich teilen für Frau Berger die Informationsblätter für den Austausch aus. Die Schule fängt ja erst in zwei Wochen wieder an, darum kann sie sie nicht im Englischunterricht verteilen.»

Tobias nickte. Wie immer konnte er Annas Redefluss aber nicht unterbrechen.

«Ich habe deiner Mutter auch schon eine Kopie gegeben, falls du deine verlierst. Bitte lies dir alles genau durch und komm auf jeden Fall morgen Mittag pünktlich zur Schule, um Britney vom Bus abzuholen.»

«Ich glaube, damit wird er kein Problem haben», warf Björn grinsend ein. Bevor Tobias etwas erwidern konnte, hatte Anna schon wieder das Wort ergriffen.

«Wir müssen weiter, Tobi», sagte sie. «Bis morgen dann, pünktlich um zwölf!» Und dann, im Befehlston: «Björn?»

«Zu Befehl, Captain», sagte Björn lachend und folgte Anna im Laufschritt aus dem Garten.

About three hours after she had fallen asleep, Britney was woken up by a loud voice on a loudspeaker. At first, she didn't know where she was, but then she remembered very quickly. The voice said:

«Meine Damen und Herren, wir beginnen jetzt den Landeanflug auf Frankfurt …»

Madison had woken up, too. «We're almost there!», she shouted, «Can you believe it, Brit?»

Britney was surprised. She had slept for six hours! And they were almost in Germany now!

«I really can't believe it», she told her friend.

The voice came through the loudspeakers again. «Wir werden in circa zehn Minuten landen. Bitte schnallen Sie sich jetzt an.»

«What does that mean?», Britney asked.

«I think it means we'll be there in ten minutes», Madison answered. «But I didn't understand the rest.»

«That's okay», Britney said. «They'll say it again in English in a few seconds!»

Britney was right. «We'll be landing in Frankfurt in ten minutes», the voice said on the loudspeaker. «Please fasten your seatbelts.»

«Oh, of course», Britney said, «‹anschnallen› means ‹fasten your seatbelt›.»

Madison smiled at her friends. «Bitte schnallen Sie sich an, Frau Summerfield. Wir landen!»

Britney laughed and fastened her seatbelt. She was ready to land in Frankfurt, Germany.

Kapitel Vier –

Hello again

Genau wie Björn vermutet hatte, war Tobias am nächsten Tag um Punkt zwölf Uhr am Treffpunkt vor der Schule. Die meisten deutschen Schülerinnen und Schüler hatten sich schon eingefunden. Viele waren mit ihren Eltern gekommen, um die amerikanische Austauschgruppe zu empfangen. Gerade kam auch Frau Berger mit ihrem Auto vorgefahren. Nachdem die Lehrerin alle begrüßt hatte, begann das Warten auf den Bus. Das Flugzeug aus Chicago war pünktlich um acht Uhr morgens in Frankfurt gelandet, wusste Frau Berger zu berichten. Die amerikanische Gruppe müsste also jeden Augenblick in Göttingen eintreffen. Tobias wippte ungeduldig auf der Bordsteinkante auf und ab. Auch Björn und Anna, die sich zu Tobias gestellt hatten, war jetzt die Aufregung anzumerken. Nur noch ein paar Minuten, bis sie Britney und Madison, Björns Austauschpartner James und all die anderen wiedersehen würden!

Es dauerte dann doch noch eine halbe Stunde, bis der Bus endlich in gemächlichem Tempo um die Ecke bog und in der Parkbucht vor der Schule zum Stehen kam. Der Dieselmotor verstummte. Gleichzeitig öffnete sich mit einem lauten Zischen die vordere Tür des Busses. Tobias reckte sich und versuchte, einen Blick ins Innere zu werfen, doch die verspiegelten Fensterscheiben reflektierten nur sein eigenes Gesicht. Jetzt kamen schon die ersten Schülerinnen und Schüler aus dem Bus. Tobias erkannte Peyton und Janie, Emily und James. Sie alle sahen sehr müde aus. Dann stieg Mrs. Mayers die Stufen herunter. Sie winkte den Wartenden fröhlich zu, konnte sich aber ein Gähnen nicht verkneifen.

Endlich entdeckte Tobias Britney in der Tür des Busses. Im Gegensatz zu den anderen sah sie ziemlich munter aus. Während sie ihren riesigen Rucksack auf die Straße hievte, wanderte ihr Blick suchend über die Menge. Als sie Tobias entdeckt hatte, breitete sich ein Lächeln auf ihrem Gesicht aus. Tobias merkte, wie sein Herz plötzlich schneller schlug.

«Hey, you!», rief Britney, ließ ihren Rucksack kurzerhand auf den Boden fallen, lief zu ihm hinüber und fiel ihm um den Hals. Tobias' Herz schlug noch ein bisschen heftiger.

«Hi, Britney», sagte er, als sie sich aus seiner Umarmung löste. Sie strahlte ihn an. Tobias fand, dass sie sich in den letzten Monaten kaum verändert hatte. Ihr braunes Haar war etwas länger geworden und fiel ihr fast bis auf die Schultern. Aber ansonsten sah sie genau so aus, wie er sie in Erinnerung hatte: in Jeans und Turnschuhen und mit einem Lächeln im Gesicht. Er nahm Britneys Hand und strahlte zurück.

Nachdem Tobias auch Madison, Mrs. Mayers und die anderen begrüßt hatte, half er Britney, ihr Gepäck im Kofferraum des Autos von Björns Vater zu verstauen. Dann quetschten sie sich für die kurze Fahrt neben James auf die Rückbank des Wagens.

«I'm so glad we're finally here», sagte Britney. Und mit einem Blick zu James fügte sie hinzu: «The bus ride was sooooo long!»

«I thought it was great», widersprach James. «It was so much fun to be on the Autobahn! All the cars go so fast!»

«That is true», pflichtete Britney ihm bei. Dann stieß sie Tobias aufgeregt in die Seite. «Can we go back to the Autobahn some time?»

«Maybe», sagte Tobias.

«Do you already have a driver's license?», fragte James Tobias und Björn. Die beiden deutschen Jungen guckten erstaunt.

«No, of course not», antwortete Björn vom Beifahrersitz. «We are only 15 years old!»

«In Wisconsin, kids can start driving at 15 and a half, and we get our license at 16», erklärte Britney.

«Wow, that's cool!», rief Tobias.

In diesem Augenblick hatten sie das Haus von Familie Stein erreicht. Tobias und Britney stiegen aus, verabschiedeten sich von James, Björn und Björns Vater und schleppten Britneys Gepäck zur Haustür.

Gerade als Tobias den Schlüssel ins Schloss stecken wollte, wurde die Tür aufgerissen.

«Maria, sie sind da!», rief Herr Stein über die Schulter seiner Frau zu, die auch zur Tür gelaufen kam.

«Hallo, Mama, hallo, Papa», sagte Tobias etwas verlegen. «Da sind wir.»

«Hallo», sagten Herr und Frau Stein wie aus einem Mund.

Britney besann sich auf das, was sie vor ein paar Wochen im Deutschunterricht geübt hatten. Artig streckte sie Frau Stein die Hand entgegen. «Guten Tag, ich heiße Britney Summerfield. Ich freue mich, Sie kennenzulernen.»

«Wir freuen uns auch», sagte Frau Stein und ergriff Britneys Hand.

«Ich heiße Britney Summerfield», wiederholte sie dann und streckte auch Herrn Stein ihre Hand hin. «Wie geht es Ihnen?»

«Hallo, Britney», sagte Tobias' Vater etwas überrascht. «Ich heiße Wilfried Stein. Und, ähm, es geht mir gut.»

Tobias grinste in sich hinein. Britney hatte sicher lange über ihrem Deutschbuch gesessen, um sich diese Sätze einzuprägen. Aber es hatte sich gelohnt. «Was für ein höfliches, sympathisches Mädchen!», hörte er seine Mutter sagen, als er hinter Britney die Treppe nach oben ging.

Chapter Five –
Wie im Bilderbuch

After Britney had put her backpack in her new room, Tobias asked what she would like to do.

«Do you want to sleep? Or eat? Or something else?», he wanted to know.

Britney thought about this. She didn't feel tired, and she wasn't hungry. But she really wanted to see more of this new place: Germany!

«Let's take a walk», she said. «I want to see where you live!»

As they walked around Tobias' neighborhood, Britney noticed something that she had missed for a long time: silence. She could only hear their footsteps. Sometimes she heard the wind blow through the tree branches or a bird singing, but it was mostly just quiet. After almost a full day of airports, airplanes and busses full of her excited friends, she found herself on a street thousands of miles away from Appleton, and it was quiet.

She didn't know what to say to Tobias, but she didn't worry about it. She was too happy about where she was, so she just looked around as they walked. It was a normal Göttingen neighborhood, but she had never expected it to be so *different*. The houses were all so … not American. Even though they seemed old, they all had big modern-looking windows. The roofs were all made of nice tiles that made them look alike. Most houses seemed like they were in a fairy-tale book or an old movie. The walls were made out of plaster, or stone, or brick inside big wooden frames. Britney knew only one house like this in Appleton: It was a museum, because it was so old and historic.

«All houses here look so nice! They look like they are in a storybook! Don't you think?», she finally asked Tobias.

«What do you mean? A storybook?» He was a little confused.

«It just looks so … I don't know … *perfect* here. Is this a rich neighborhood or something?», Britney said.

Tobias laughed a little. «No, I don't think so. It's just a normal neighborhood with normal people.»

Britney tried to think of a way to explain it. «But … look at that house. It looks like it's three hundred years old. And people just live there? Normal people?»

«Of course», replied Tobias. «It is old, but lots of people have old houses. I don't think anyone special lives there.»

«Wow, isn't it fun to live here?», she asked, not knowing what else to say.

Tobias laughed again. He didn't really know how to answer. «I think it's nice here, but maybe not always really fun. I think Appleton is more exciting.»

«Oh, no way.» Now Britney was laughing. «Appleton is so boring and normal!»

«Well, I don't think so. I thought it was an adventure», Tobias explained.

Britney thought about what Tobias had said. Appleton really wasn't very exciting for her. But when Tobias had visited her three months ago, it had seemed like a big adventure to her, too. With Tobias, even Appleton was a lot of fun. As she walked next to him thinking about this, Britney noticed again how silent everything was. It almost made her nervous to be in such a peaceful, quiet place.

‹I hope Tobias still likes me now that I'm in his country›, she thought to herself. ‹I hope he doesn't think I'm too loud or too silly …›

She could not finish her thought, because Tobias said something to her.

«My Mom said we should buy some bread for dinner this evening», he said.

«Okay», Britney nodded. «But how do we get to the supermarket? Will someone drive us there?»

«Oh no», said Tobias. «We can walk. It's just a hundred meters to the supermarket. But we should buy the bread at the bakery, not the supermarket. It's right next door.»

«Okay, that sounds great.» Britney smiled. She thought it was funny that they were walking to a bakery to buy bread. A real bakery! Not a supermarket!

After they had walked for a few minutes, she saw the stores Tobias had described. There was a very small supermarket and the bakery right next to each other. Across the street there was also a small building that said *Sparkasse,* but Britney wasn't sure what that meant. She noticed there were only six parking spaces on the street in front of the supermarket.

«There's no parking lot!», Britney said with surprise. «Where do people park their cars when they go shopping?» She thought about the supermarkets in Appleton. They were all so big ... they were castles compared to this one, with big parking lots that could hold hundreds of big American cars.

«There are some big supermarkets here, too», Tobias explained. «And they have big parking lots. But this one», he pointed to the store, «is really small. A lot of people walk here, because it's not so far away. Some people ride their bikes, too.»

«Wow, good idea!», said Britney. «That sounds fun!»

Tobias pointed to the bakery. «Should we go inside?»

«Sure!», said Britney.

When they went inside, Britney was surprised to see no birthday cakes at all and hardly any doughnuts. Instead, she saw lots of rolls and all sorts of bread that she had never seen before. She saw brown bread and white bread and grey bread and bread that was almost black.

«Wow! Look at all this!», she whispered to Tobias as they looked around.

«I think bread is really better in Germany.» Tobias smiled. «American bread is just … toast. Do you want to pick something out?»

«Okay, let's see …» Britney looked for the most interesting bread she could find. «How about this?» She pointed to a loaf of dark brown bread with sunflower seeds on it.

She heard Tobias order from the baker: «Wir hätten gern ein ganzes Sonnenblumenbrot … und bitte noch einen Amerikaner.»

At first Britney thought Tobias was talking about her; but after he said «Amerikaner», the baker picked up what looked like a big cookie with a lot of sugar on top and put it in a paper bag for Tobias. It looked really tasty, but why was it called an *American*?

After Tobias paid and they walked out, he gave her the small bag. «This is for you. It's called ‹Amerikaner› – an American for the American», he smiled at her.

«Thank you.» Britney opened the bag and took a bite. «It tastes great! But why is it called ‹Amerikaner›? We don't have anything like this in America!»

Tobias shook his head. «I have no idea.»

«Do you want to share it?», Britney asked.

«Sure.» Tobias took a bite and passed it back to Britney. After they finished it, they walked a little further without saying anything, but this time Britney did not feel nervous at all. She carefully took Tobias' hand. She could feel their fingers laced together as they walked the rest of the way home.

Kapitel Sechs –
Britney loves ...

Britney und Tobias verbrachten den Rest von Britneys erstem Nachmittag in Deutschland im Garten. Es gab so viel zu reden, und die Zeit verging wie im Flug. Nach einem frühen Abendessen – das Sonnenblumenbrot schmeckte genauso gut, wie es aussah – fiel Britney wie ein Stein ins Bett und schlief sofort ein. Als sie am nächsten Morgen gut ausgeruht in die Küche kam, saß Tobias schon am Frühstückstisch.

«Good morning, I mean, *guten Morgen*», sagte sie.

«Guten Morgen», antwortete Tobias. «Did you sleep well?»

«Yes, I did.» Britney nickte. «The bed is really comfortable.»

Tobias fiel etwas ein. «Did you see the photo next to your bed?», fragte er mit einem breiten Grinsen.

Britney wusste sofort, von welchem Foto Tobias sprach. «Of course I did», lachte sie. «It's hard to miss – it's so big!»

«Do you like it?», fragte Tobias erwartungsvoll.

«Of course», wiederholte Britney. «I have always wanted a photo of you playing soccer. It reminds me of the soccer tournament we played in Appleton, remember?»

Tobias nickte. Natürlich erinnerte er sich an das Fußballturnier in Appleton. Leider erinnerte er sich besonders gut daran, dass seine Mannschaft verloren und Britneys gewonnen hatte. Darum wechselte er schnell das Thema.

«Are you hungry?», fragte er. «I made a big breakfast for you!»

«Great.» Britney strahlte. «Did you make pancakes? Or sausages? Or maybe some fried eggs and potatoes?»

Tobias lächelte. «I made a *German* breakfast, not an American breakfast!»

«Oh, of course», antwortete Britney. «Ein … deutsches … Frühstück.»

Tobias nickte.

Britney ließ ihren Blick über den Küchentisch wandern. «Let's see if I know all these things in German … Marmelade, Butter, Brot, Brötchen … what is this, Tobias?»

«That's Nutella», erklärte Tobias, «it's like chocolate, but you put it on your bread.»

«Hhhhhmmmm …», sagte Britney. «I love German breakfasts already.»

Am Nachmittag hatten sich Britney und Tobias mit Anna und Madison im Freibad verabredet. Erst hatte Britney es für einen Witz gehalten, dass sie mit dem Fahrrad und nicht mit dem Auto dorthin fahren sollten, aber jetzt radelte sie gut gelaunt auf Frau Steins Fahrrad hinter Tobias her. Im Freibad angekommen, entdeckte Britney gleich ihre Freundinnen.

«Hey, girls», rief sie und setzte sich zu den beiden Mädchen auf die Decke, die sie auf dem Rasen ausgebreitet hatten. Tobias tat es ihr gleich.

«Hey, Brit, hey, Tobias, what's up?», antwortete Madison.

«Hallo, ihr beiden», sagte auch Anna freundlich.

«What have you two been doing?», fragte Madison.

«Nothing, really», sagte Britney. «We just took a walk and relaxed in the sun yesterday, and I ate some great German bread!»

«That sounds good», antwortete Madison. «Anna and I had a full day yesterday!»

«Really? What did you do?», fragte Britney die beiden anderen Mädchen überrascht.

«Anna is in charge of the party tonight, and I helped her organize everything», erklärte Madison.

«There's a party?» Britney war begeistert. Sie stieß Tobias in die Seite. «Did you know there was a party tonight?»

Tobias schüttelte den Kopf und guckte fragend in Annas Richtung. Die lächelte. «Du hast das Programm wohl nicht gelesen, das wir dir vorbeigebracht haben, oder? Sonst wüsstest du, dass heute Abend die offizielle Begrüßungsparty ist. Bei Björn im Garten, um sechs geht es los!»

«Fantastic», sagte Britney. «Ich liiiiiebe Partys!»

Um ein paar Minuten nach sechs trafen Britney und Tobias im Garten von Björns Famile ein. Björns Vater und die beiden Lehrerinnen, Mrs. Mayers und Frau Berger, brachten gerade den Grill in Gang und bauten einen Tisch mit Essen und Getränken auf. Ein paar der deutschen und amerikanischen Jugendlichen halfen den Erwachsenen, aber die meisten saßen im Gras oder auf Stühlen, tranken Cola und aßen Chips und unterhielten sich miteinander. Tobias beschloss, am Grill auszuhelfen. Britney setzte sich neben Madison auf eine Bank.

«So how are things going with Tobias?», fragte Madison.

«Great», Britney strahlte von einem Ohr zum anderen. «He is so cute!»

«You're right, he *is* cute», antwortete Madison.

«And he can be so sweet!», sagte Britney.

«Sure.» Madison nickte.

«And funny!», fuhr Britney fort.

«Yeah, he *is* funny.» Madison nickte wieder.

«And … I'm really happy», setzte Britney nach.

«And I'm happy for you», antwortete Madison ihrer besten Freundin.

Chapter Seven – ***Tobias liebt …***

Vom Grill aus beobachtete Tobias, wie Britney und Madison tuschelnd die Köpfe zusammensteckten. Ein paarmal guckte Britney dabei zu ihm herüber.

‹Sie sieht wirklich hübsch aus›, dachte Tobias bei sich, während er Britney aus der Ferne beobachtete. Gerade lächelte Britney wieder in seine Richtung. Mit seiner freien Hand winkte er ihr zu, während er die Steaks auf dem Grill wendete. ‹Kaum zu glauben, dass ich so eine hübsche Freundin abbekommen habe›, lächelte er in Gedanken. Während er so über Britney und sich nachdachte, fiel im etwas auf: Wenn man es genau nahm, hatte er mit Britney noch nie darüber geredet, ob sie wirklich seine Freundin war. Für ihn war die Sache klar, aber ob Britney das überhaupt genauso sah? Kurz entschlossen drückte er Frau Mayers die Grillzange in die Hand. «Ich muss mal kurz weg, bin gleich wieder da», sagte er knapp und ließ die Lehrerin allein am Grill zurück. Zielstrebig ging er auf Britney und Madison zu.

«Hey, you», begrüßte Britney ihn. «Are you bored with the barbecue already?»

«No, no», antwortete er etwas zu hastig. «But … can I talk to you?»

«Of course! What do you want to talk about?», fragte Britney.

Bevor Tobias antwortete, warf er Madison einen schnellen Blick zu. Die verstand sofort.

«Maybe I should leave you two alone for a few minutes», sagte sie grinsend, stand auf und verschwand in Richtung des Getränkestandes. Tobias schaute sich um. Für das, was er Britney fragen wollte, waren immer noch zu viele Menschen in ihrer Nähe. Weiter hinten im Garten war dagegen niemand. Dort standen auch ein paar groß gewachsene Apfelbäume, die diesen Teil des Gartens etwas abschirmten.

«Let's go there», schlug er vor und deutete mit der Hand auf die Bäume.

«Okay», sagte Britney nur. Sie stand auf, und gemeinsam gingen sie, bis sie die andere Seite der Bäume erreicht hatten. Hier fühlte Tobias sich nicht so beobachtet.

«I just wanted to ask you something …», fing er etwas zögerlich an.

Britey guckte ihn an, ohne etwas zu sagen. Da war es wieder, dieses Lächeln. Tobias nahm seinen ganzen Mut zusammen.

«I wanted to know … are we … I mean … Are you my …»

Britney nahm seine Hand, genau wie sie es gestern auf dem Spaziergang getan hatte.

«Do you mean, are we really going out? Am I your girlfriend?», half sie ihm auf die Sprünge.

Jetzt war es heraus. Tobias nickte erleichtert. «Yes. Are you my girlfriend, Britney?»

Britney schenkte ihm ein Lächeln, dass noch strahlender war als das zuvor. Dann wurde ihr Blick etwas verschmitzt. «That depends …», sagte sie.

Tobias erschrak ein bisschen. Worauf konnte es denn ankommen? Entweder wollte sie seine Freundin sein oder nicht!

«What does it depend on?», fragte er vorsichtig.

«It depends on whether *you* want to be *my* boyfriend …», sagte sie und lächelte wieder.

Tobias lachte vor Erleichterung laut heraus.

«Of course I do», sagte er dann leise und hielt Britneys Hand ganz fest.

«And I would love to be your girlfriend», sagte sie genauso leise zurück.

Tobias hätte später nicht sagen können, wie es eigentlich genau passierte, aber plötzlich küssten sie sich in ihrem Versteck hinter den Apfelbäumen.

Kapitel Acht –

Boy talk

Als Tobias und Britney sich nach einiger Zeit wieder unauffällig zu den anderen gesellten, schien niemand ihre Abwesenheit bemerkt zu haben. Nur Madison, neben die Britney sich wieder gesetzt hatte, wollte gleich ganz genau erfahren, was da gerade passiert war. Tobias ging zurück zum Grill, als wäre nichts geschehen.

«Da bin ich wieder», sagte er bestens gelaunt zu Mrs. Mayers und nahm ihr die Grillzange aus der Hand. Die Lehrerin überließ sie ihm gern, und Tobias wendete wieder Bratwurst und Steak. Als er sich wieder mal im Garten umguckte, um einen Blick auf Britney zu werfen, entdeckte er plötzlich drei unerwartete Gäste am Gartentor: Matthias, Jonas und Philipp. Mit ihnen ging Tobias nicht nur in eine Klasse, sie spielten in der gleichen Fußballmannschaft und trafen sich auch sonst fast jeden Nachmittag. Sie hatten nicht am Austauschprogramm teilgenommen, aber Tobias fielen auf Anhieb zwei Gründe ein, warum seine Freunde hier auftauchten: gratis Grillfleisch und – Britney.

Dass er zumindest mit seiner ersten Vermutung recht hatte, zeigte sich daran, dass die drei zielstrebig auf den Grill zusteuerten, sich Pappteller und Besteck nahmen und ihn dann begrüßten. Erst nachdem sich jeder einen Berg voll Fleisch von Tobias' Grill auf seinen Teller getürmt hatte, wurden die drei gesprächig.

«Coole Grillparty», sagte Matthias kauend.

«Ja, die Bratwurst ist echt gut», pflichtete Jonas bei.

«Wenn's bei diesem Austauschprogramm immer so gutes Essen gibt, mache ich nächstes Jahr auch mit», sagte Philipp und schob sich ein riesiges Stück Steak in den Mund.

«Was macht ihr denn in den nächsten Wochen so?», wollte Matthias daraufhin wissen.

Tobias kratzte sich am Kopf. Das Programm hatte er nicht gelesen, aber an einiges konnte er sich auch so erinnern. «In drei Tagen fahren wir mit der ganzen Gruppe nach Berlin», erzählte er. «Und wenn die Schule wieder losgeht, kommen die ganzen Amis natürlich mit in den Unterricht. Und ich glaube, irgendwann geht's noch für einen Tag in den Harz, zum Wandern.»

«Kannst du dann überhaupt zum Fußballtraining kommen?», fragte Jonas.

«Keine Ahnung, ob ich das schaffe …», antwortete Tobias zögerlich. Dann fiel ihm noch etwas ein. «Ich glaube, ganz am Schluss gibt es wieder ein deutsch-amerikanisches Fußballturnier. Was ist, wollt ihr mitspielen?»

«Klar», antwortete Philipp. Die anderen beiden nickten.

«Diesmal *muss* meine Mannschaft einfach gewinnen», sagte Tobias. «Am besten, wir planen jetzt schon mal die beste Aufstellung. Also, wenn einer von euch ins Tor geht und Madison und Jonas im Mittelfeld stehen und Britney und ich im Angriff …»

Matthias fiel ihm ins Wort. «Was? Da spielen auch Mädchen mit?»

Tobias nickte, ohne zu zögern.

«Das kann ja was werden», murmelte Jonas.

«Wo wir gerade beim Thema sind …», fiel Matthias ein, bevor Tobias etwas sagen konnte.

«Genau», sagte Philipp, «wo ist deine Britney überhaupt?»

«Da drüben», sagte er und deutete auf die Bank, auf der Britney und Madison saßen. Anna setzte sich gerade zu ihnen.

«Welche denn, die mit den langen blonden Haaren?», fragte Jonas.

«Quatsch», sagte Philipp, «das ist doch Anna aus unserer Parallelklasse.»

«Britney ist die links mit den braunen Haaren. Und da neben ihr, mit den langen Locken, das ist Madison», erklärte Tobias.

«Und die zwei wollen Fußball spielen?», lachte Jonas. «Die treffen den Ball doch gar nicht!»

Philipp und Matthias lachten laut mit.

Tobias grinste nur. Seine Freunde würden sich ganz schön wundern, wenn Britney – *seine Freundin!* – und Madison erst mal auf dem Spielfeld standen.

Chapter Nine – ***Ein Eis, bitte***

Am Ende der Begrüßungsparty hatten Tobias, Britney, Anna und Madison verabredet, sich zu einem Einkaufsbummel zu treffen. Um drei Uhr am nächsten Nachmittag warteten Britney und Tobias daher in der Innenstadt auf Anna und Madison.

«Wow, there are no cars here», sagte Britney und guckte verwundert um sich.

«That's right», nickte Tobias. «It's called a ‹Fußgängerzone›.»

«Fuuus ... ganger ... sonne?», wiederholte Britney fragend. «That's a difficult word. In America, we would call this street an ‹outdoor mall›.»

«Are there many outdoor malls in the USA?», fragte Tobias.

«No», Britney schüttelte den Kopf. «I've only been to one outdoor mall before. Most of our malls are inside. They're just big buildings.»

Genau in diesem Moment kamen Anna und Madison um die Ecke. Der Einkaufsbummel konnte beginnen. Die beiden Amerikanerinnen kauften zuerst ein paar Postkarten für ihre Großeltern. Dann fand Madison ein interessantes deutsches Buch, und Britney kaufte ein paar Zeitschriften. Anna und Tobias kauften gar nichts. Sie langweilten sich ein bisschen. Nach ungefähr eineinhalb Stunden machte Anna deshalb einen Vorschlag.

«Would you like to go to a café or a restaurant?», fragte sie die Amerikanerinnen. Die beiden nickten zustimmend.

Tobias hatte eine gute Idee. «Let's eat some ice! I'll pay for everybody!», sagte er.

«Ice? Why do you want to buy ice now?», wiederholte Britney verwundert.

«What do you mean?», fragte auch Madison.

«Do you mean you want to get a drink with ice in it?», versuchte Britney Tobias' Idee zu verstehen.

Tobias schüttelte den Kopf. Was war denn an seinem Vorschlag so schwierig? Hilfe suchend guckte er zu Anna.

«Ice *cream*», flüsterte sie ihm zu, «nicht nur ‹ice›.»

Tobias schlug sich an die Stirn. Madison und Britney dachten also gerade, dass er sie zu einer Portion Eiswürfel einladen wollte. Das musste er sofort richtigstellen.

«I meant ice cream», sagte er also schnell.

«Oh, *ice cream*, of course», sagte Britney lachend.

Madison freute sich. «Ice cream would be great!», sagte sie.

Die vier gingen zur nächsten Eisdiele. Weil es sehr warm war, setzten sie sich an einen Tisch, der unter einem großen Sonnenschirm im Schatten stand. Madison und Britney waren begeistert von der riesigen Auswahl an Eissorten. Lange blätterten sie in der Karte herum.

«Riesiger Spezial-Überraschungsbecher», las Britney langsam vor. «What's that?»

«A big surprise ice cream», erklärte Tobias, nachdem er das Wort mühsam im Kopf übersetzt hatte.

«That sounds great!», sagte Britney. Dann fiel ihr Blick auf den Preis für den Überraschungsbecher. «But it's sooooo expensive!»

Daher entschied sich Britney etwas schweren Herzens, doch nur wie Madison den Schokoladenbecher zu bestellen. Tobias aß wie immer ein Spaghetti-Eis, und Anna hatte sich einen Früchtebecher ausgesucht. Sie hatten ihre Becher fast ausgelöffelt, als Anna plötzlich zwei bekannte Gesichter entdeckte.

«Hallo», rief sie, sprang auf und winkte den Jungen zu, die

sich nach einem Tisch im Schatten umsahen. Die beiden entdeckten Anna, lachten und kamen herüber. Jetzt erkannte auch Tobias, dass es Björn und James waren. Tobias wollte sich gerade nach einem Sechsertisch umgucken, da hatten sich die Jungen schon zwei freie Stühle vom Nachbartisch gegriffen. James setzte sich neben Tobias, aber Björn quetschte sich etwas umständlich zwischen Anna und Britney.

‹Warum setzt Björn sich nicht einfach neben James?›, wunderte Tobias sich. Da war doch viel mehr Platz als zwischen den beiden Mädchen. Außerdem war es Tobias viel lieber, wenn kein anderer Junge neben seiner Freundin saß! Zur Sicherheit rückte er seinen Stuhl etwas näher an Britneys heran, so nah, dass ihre Arme sich ein bisschen berührten. Als Britney ihn daraufhin anlächelte, war Tobias' Welt wieder in Ordnung. Und mit den anderen machte er – bunt durcheinander auf Deutsch und auf Englisch – Pläne für den nächsten Tag.

Kapitel Zehn – **Fun at the pool**

Am nächsten Morgen war das Wetter plötzlich überhaupt nicht mehr sommerlich. Ein starker Wind war aufgekommen, und es regnete. Eigentlich hatten Tobias und Britney vorgehabt, den Tag mit ihren Freunden im Freibad zu verbringen, aber bei diesem Wetter mussten sie ihre Pläne ändern.

«Do you think it will stop raining?», fragte Britney mit einem Blick aus dem Wohnzimmerfenster.

«I don't know», antwortete Tobias, der neben Britney auf dem Sofa saß.

«I thought the weather was always nice in Germany!», sagte Britney.

Tobias musste lachen. Dieser Sommer war wirklich schön gewesen, aber *immer* war das wirklich nicht so. «No», sagte er deshalb. «It rains a lot. And sometimes it is cold. And in the winter, it is *really* cold.»

«Really? Does it snow in the winter?», fragte Britney daraufhin. «And do you always have a ‹white Christmas›?»

«Yes, it snows in the winter», antwortete Tobias. «But we had a rainy Christmas last year!»

«So, what should we do today?», fragte sie Tobias. «Swimming is no fun, when it's windy and rainy.»

«Mmmmmmh ...» Tobias überlegte. Dann hatte er eine Idee. «We *can* go swimming!», sagte er. Britney guckte ihn fragend an.

«We can go to the other swimming pool. It's ...» Tobias suchte nach dem richtigen Wort. «It's ... inside ... a big building ...», erklärte er.

Britney hatte ihn schon verstanden. «You mean an indoor swimming pool», sagte sie.

Tobias nickte. Britney schien nicht besonders begeistert.

«Aren't indoor pools really boring?», fragte sie.

«No!», widersprach Tobias und runzelte die Stirn. «They are great!»

«Alright», sagte Britney. «Let's go to the indoor swimming pool.» Richtig überzeugt klang sie allerdings noch immer nicht.

Um Britney in etwas mehr Begeisterung zu versetzen, machte Tobias noch einen Vorschlag. «After swimming, we can go to the cinema», sagte er.

Diese Idee schien Britney schon besser zu gefallen. «Yes! Let's watch a movie!», stimmte sie zu. Dann fragte sie: «What kind of movies do they show in German theaters?»

Tobias wusste, worauf Britney hinauswollte. «They show a lot of *American* movies in German cinemas», sagte er. Dann fiel ihm auf, dass Britney ein anderes Wort für ‹Kino› benutzt hatte. «I mean, in German *movie theaters*», fügte er hinzu.

Jetzt war Britney begeistert. «This is a great plan: We'll go to a German indoor pool, and then we'll watch an American movie. Where's the telephone? Let's call the others.»

Tobias hatte insgeheim gehofft, dass er den ganzen Tag allein mit Britney verbringen könnte, jetzt, wo sie die Freibadpläne mit den anderen sowieso absagen mussten. Er wäre gern nur mit ihr ins Hallenbad und dann ins Kino gegangen. Aber Britney wollte die anderen anscheinend gern dabeihaben. Daher nahm Tobias das Telefon vom Tisch, rief zuerst bei Björn und James und dann bei Anna und Madison an und erzählte von ihren neuen Plänen.

Im Schwimmbad angekommen, kam Britney aus dem Staunen nicht heraus. Sie hatte ein einfaches Hallenbad erwartet, mit nur einem Schwimmerbecken zum Bahnenschwimmen und vielleicht noch einem flachen Becken für kleine Kinder. Total langweilig eben. Das Schwimmbad, in dem sie jetzt mit Madison, James und ihren drei deutschen Freunden stand, war allerdings das ganze Gegenteil: Alles war hier komplett im Stil der Südsee dekoriert, auch die Musik, die aus den Lautsprechern tönte, erinnerte an Urlaub auf einer Insel unter Palmen. Es gab mehrere Schwimmbecken in den verschiedensten Größen. Ein paar davon hatten hohe Sprungtürme, die aussahen wie steile Klippen, von denen man sich ins Wasser stürzen konnte. Andere hatten riesige Rutschen, die in Bögen und Schleifen außerhalb des Gebäudes verliefen und aus denen alle paar Sekunden jemand in hohem Tempo herausgeschossen kam und mit lautem Klatschen im Wasser landete. Außerdem gab es ein großes Becken mit künstlichen Wellen und ein anderes mit einem riesigen Wasserfall. Dann waren da noch ein paar kleinere Whirlpools, ein künstlicher Strand und eine Liegewiese mit Café. Britney konnte sich gar nicht entscheiden, was sie zuerst ausprobieren wollte. Wenn die Hallenbäder in Deutschland *so* aussahen, war es kein Wunder, dass Tobias nicht verstehen konnte, warum sie zuerst von seiner Idee nicht begeistert gewesen war!

Nachdem sie ein paarmal von den großen Klippen gesprungen waren, die großen Becken durchschwommen und die Whirpools getestet hatten, zogen Britney und Tobias sich auf die Liegewiese zurück.

«This is the best place ever!», sagte Britney, nachdem sie eine Weile schweigend im Sand gelegen hatten. «It's the biggest pool! And the nicest beach! And the coolest waterfall I've ever seen!»

Tobias nickte. Britney rückte etwas näher an ihn heran.

«And you» – sie stubste Tobias mit ihrem Finger – «are the cutest boy in this whole place!»

Tobias wurde ganz rot vor Freude. «And you» – er imitierte Britneys Geste – «are the cutest girl!»

Die beiden lächelten sich verliebt an. Doch bevor sie noch etwas sagen konnten, wurden sie von den anderen unterbrochen.

«Los, ihr zwei, zurück ins Wasser!», rief Björn ihnen zu.

«Come on, it's so much fun!», rief auch Anna.

Tobias hätte seine Freunde am liebsten ignoriert, aber Britney war schon aufgesprungen.

«Don't worry, we're coming!», rief sie lachend und zog ihn mit zurück ins Wasser.

Tatsächlich hatte auch Tobias so viel Spaß, dass er gar nicht merkte, wie schnell die Zeit verging. Es war schon fast halb sieben, als er zum ersten Mal auf die Uhr sah.

«Oh no!», sagte er genau in dem Moment, als Britney neben ihm auftauchte.

«What's wrong?», fragte sie.

«It's almost half past six!», erklärte Tobias. «We have to go or we will be late for the movie!»

Britney wollte den amerikanischen Film auf keinen Fall verpassen.

«Let's go», rief sie den anderen zu. «It's six thirty, we have to leave! Time for the movie!»

Chapter Eleven –
Will Smith spricht Deutsch!

«Okay», sagte Britney, als sie vor dem Kino vom Fahrrad sprang. «What's playing tonight?»

Anna war wie immer bestens informiert. «At seven o'clock, they are showing the new Will Smith film. It's an action movie.» Sie überlegte kurz. Dann fuhr sie fort: «And at quarter past seven, there is a German movie. I think it's a love story.»

«Let's watch the action movie!», sagte Britney.

«Oh no», sagte Anna. «I would like to see the love story.»

Die sechs Freunde standen etwas ratlos da. Dann hatte Tobias eine gute Idee: Sie würden abstimmen, in welchen Film sie gehen sollten.

«Who wants to watch the German love story?», fragte er in die Runde. Annas Arm schnellte nach oben und mit einiger Verzögerung auch Björns.

«And who wants to watch the American action movie?», fragte er als Nächstes und hob seine eigene Hand. Britney, Madison und James taten es ihm nach.

«Two to four», sagte Britney. «We're watching the American movie!»

Anna und Björn murrten noch etwas, dann kauften sie sich aber mit den anderen eine Eintrittskarte für den Actionfilm. Der Kinosaal war schon dunkel, und es war gar nicht so einfach, sechs freie nebeneinanderliegende Plätze zu finden. Schließlich setzten sich Tobias und Britney in die Mitte einer Reihe, Björn quetschte sich neben Britney, bevor Madison sich neben ihre beste Freundin setzen konnte, und zog Anna etwas unsanft in den Sessel neben sich.

‹Manchmal benimmt sich Björn wirklich seltsam›, dachte Tobias. Jetzt hatte er sich schon wieder neben Britney gesetzt, obwohl sie doch sicher gern neben Madison gesessen hätte! Außer Tobias schien das aber niemanden zu stören. Madison setzte sich einfach auf Annas andere Seite. James, der zurückgeblieben war, um für alle eine große Packung Popcorn zu kaufen, musste sich mit einem Sitz ganz außen begnügen.

«Can I try some of the popcorn?», fragte Madison James, bevor er sich überhaupt hingesetzt hatte.

«Sure, help yourself», antwortete James und reichte Madison die große Papiertüte. Madison nahm sich eine Handvoll und stopfte sie in den Mund. Sofort verzog sie das Gesicht.

«Try this», nuschelte sie mit vollem Mund und reichte James die Tüte zurück.

James probierte, und auch er zog eine Grimasse.

«Iiiiuuuurgh», kriegte er nur heraus.

Jetzt hatten auch die anderen bemerkt, dass etwas nicht in Ordnung zu sein schien.

«What's wrong?», flüsterte Anna den beiden zu.

«The popcorn …», fing Madison an.

«It's not salty! It's sweet!», beendete James ihren Satz.

«In Germany, we always eat sweet popcorn», erklärte Anna. Madison und James schüttelten sich.

«What?», sagte Britney von der anderen Seite. «Let me try some!» Anna reichte die Tüte weiter, und Britney bediente sich.

«It tastes ... funny ...», sagte sie. «You Germans are funny! Sweet popcorn!» Sie lachte.

Tobias grinste. Sollte Britney ruhig lachen und süßes Popcorn komisch finden. Je weniger die anderen von dem Popcorn wollten, desto mehr fiel schließlich für ihn ab.

Als der Film anfing, hatte Tobias tatsächlich schon die halbe Packung allein verdrückt. Er stellte das Popcorn erst auf den Boden, als der Vorspann des Films vorbei war und die Handlung begann: eine ohrenbetäubende Explosion, einstürzende Häuser, herumfliegende Trümmerteile, Chaos überall. Nur der Held des Filmes schien den Überblick bewahrt zu haben.

«Ich werde mit denen abrechnen, die das hier zu verantworten haben», raunte er siegessicher in die Kamera.

Tobias merkte, dass Britney sich plötzlich in ihrem Sitz aufgerichtet hatte.

«But ... that's Will Smith! Why ... ?», sagte sie verwundert.

Tobias guckte Britney nur fragend an. Er wusste nicht, was Britney so seltsam fand.

«*Why is he speaking German?!*», zischte Britney im Flüsterton.

«Because we are in Germany», antwortete Tobias. Er grinste in sich hinein. Offensichtlich hatte Britney nicht gewusst, dass alle Filme mit deutschem Ton gezeigt wurden.

«Oh man», murmelte sie. «I had no idea ...»

«You really didn't know the movie would be in German?», fragte Tobias leise.

«No! In America, we *never* have that», flüsterte Britney.

«How do you watch movies from other countries then?», wisperte Tobias zurück.

«We don't», antwortete Britney trocken.

Tobias lachte und drückte ihre Hand.

«At least you don't have to eat more of the bad popcorn», versuchte er sie aufzumuntern. Jetzt musste auch Britney lachen.

«Sweet popcorn, Hollywood stars with German voices … Germany is such a funny country!»

Als das Licht nach dem Film im Kinosaal anging, blieben die sechs noch auf ihren Plätzen sitzen. Madison, James und Britney hatten einige Fragen zur Handlung, schließlich war es ziemlich schwer gewesen, einen ganzen Film in einer fremden Sprache zu verstehen. Tobias verteilte das letzte Popcorn unter seinen Freunden – James und Madison lehnten dankend ab – und zog wie die anderen seine Jacke über.

«What do you want to do now?», fragte er in die Runde.

Anna guckte auf ihre Armbanduhr. «It's almost ten o'clock», sagte sie. «We should all go home and go to bed. We have to get up early tomorrow. And it'll be a long day.»

Britney drehte sich zu Tobias. «She sounds exactly like my mom!», flüsterte sie ihm lachend ins Ohr.

Tobias nickte. Andererseits hatte Anna, wie immer, auch ein bisschen recht. Am nächsten Tag sollte es schließlich nach Berlin gehen, und der Zug fuhr schon um sieben Uhr morgens los.

Kapitel Zwölf –
What's wrong?

All the students looked a little sleepy when they met at the train station early the next morning. They were waiting for the train to Berlin. As always, Britney was more awake and more excited than everybody else.

«You know, Tobias», she said and squeezed his hand, «I've never ridden on a train before.»

«What? Really?» Tobias sounded like he didn't believe her.

«In America, we always take the car», she explained. «Or we fly.»

«There are no trains in the USA?», Tobias asked. He still sounded surprised.

«I think there are some trains around the really big cities, but definitely not in Appleton. It's not like in Germany», Britney said. «Anyway, I'm really excited to see this train we're taking today. What's it called again?»

«It's called the ICE», Tobias said. «That stands for Intercity Express.»

When the ICE arrived, Britney was very impressed.

«Wow!», she said. «That's a cool train! It looks like it is from the future! Is it really fast?»

«Yes, it's fast», Tobias nodded.

«Cool!», Britney said.

Mrs Mayers, Frau Berger and the students boarded the train. Of course, Britney sat down next to Tobias. Her seat was by the window, and she looked outside excitedly as the train pulled out of the station. At first, there were many streets and buildings, but then she saw a junkyard, then some fields, forests and some small lakes. ‹Germany looks really cool. Even the junkyards look interesting!›, Britney thought to herself. Then she saw some cows on a field.

«Look, Tobias», she said and pointed to the animals. «German cows look just like American cows!»

Tobias lachte. Gerade wollte er etwas über die Kühe sagen, für die Britneys Heimat Wisconsin berühmt war, da merkte er, dass jemand neben ihn getreten war. Er drehte sich zum Gang. Da stand Björn und sah aus, als ob er etwas Dringendes auf dem Herzen hatte.

«Was gibt's?», fragte Tobias seinen Kumpel.

«Äh, gar nichts», antwortete Björn und wurde etwas rot. Dann fügte er hinzu: «Britney … can I talk to you?»

Tobias sah, dass Britney überrascht guckte. «Yes, sure», sagte sie. «What's up?»

«Can I talk to you *alone*?», fragte Björn sie leise, aber doch so laut, dass Tobias es hören konnte.

«Okay», sagte Britney etwas irritiert. «Let's go over there.»

Sie stand auf und deutete auf den Gang vor dem Abteil. Björn folgte ihr und begann sofort, sie mit Worten zu überhäufen. Tobias beobachtete, wie Britney zuerst nur zuhörte. Dann breitete sich ein Lächeln auf ihrem Gesicht aus. Sie schien ziemlich erfreut über das, was Björn ihr zu sagen hatte. Tobias gefiel das ganz und gar nicht, aber er zwang sich, die beiden nicht anzustarren. Er versuchte stattdessen, sich auf die Landschaft neben der Bahnstrecke zu konzentrieren. Im Gegensatz zu Britney konnte er sich aber nicht für die Felder und Wiesen begeistern, die an ihm vorüberzogen. Er lugte wieder zu Britney und Björn. Sie tuschelten noch immer. Britney lächelte noch immer. Missmutig guckte Tobias wieder aus dem Fenster. Es kam ihm vor, als wäre mindestens eine halbe Stunde vergangen, bis Britney zu ihrem Platz zurückkehrte.

«Hey, you, I'm back», sagte sie, als sie sich neben ihm in ihren Sitz fallen ließ.

«What did Björn say?», fragte Tobias sofort.

«Oh … nothing …», antwortete Britney und strahlte ihn an. «Nothing important. Nothing at all.»

«Aha», sagte Tobias nur. Er versuchte zurückzulächeln, aber es gelang ihm nicht ganz. Was hatte Björn gesagt, das Britney ihm nicht verraten wollte?

When they arrived in Berlin, all the students went on a walking tour of the city. The Americans were especially interested in seeing the Brandenburg Gate, the Reichstag-building and all the important places they had learnt about in their German class. The students from Göttingen were looking at all the sights, too. Everybody took a lot of pictures with their digital cameras.

Nur Tobias schien sich nicht für die große Stadt und die Sehenswürdigkeiten zu interessieren. Lustlos trottete er hinter der Gruppe her. Seit der Zugfahrt war er dieses schlechte

Gefühl im Magen nicht losgeworden. Er konnte einfach nicht vergessen, wie Britney und Björn getuschelt hatten. Und wie sie Björn dabei angelächelt hatte! Wenn er so darüber nachdachte, war es sicher auch kein Zufall gewesen, dass Björn sich vorgestern in der Eisdiele neben Britney gesetzt hatte und im Kino auch … Wütend kickte Tobias eine Bierdose aus dem Weg, die ihm vor die Füße gerollt war. Britney, die ganz in seiner Nähe neben Madison ging, hatte seine schlechte Laune natürlich längst bemerkt. Sie kam zu ihm herüber.

«Are you okay?», fragte sie vorsichtig. «You're so quiet.»

«I'm okay», antwortete Tobias knapp.

«Are you sure?», hakte Britney nach.

«Yes. I'm okay», sagte Tobias nur.

Einen Moment lang schien auch Britney nicht mehr zu wissen, was sie sagen sollte. Dann fragte sie: «Do you want to go to a museum in the afternoon? Or would you rather go shopping?»

«I don't know», erwiderte Tobias genauso einsilbig wie zuvor. Britney guckte jetzt ziemlich hilflos. Was war nur los mit Tobias? Einen Versuch machte sie dann aber doch noch.

«Where do you want to eat lunch?», fragte sie. Und als Anspielung auf ihr gemeinsames Erlebnis in Chicago fügte sie lächend hinzu: «I heard Berlin has a Hard Rock Café. Or we can always find a McDonald's!»

«I'm not hungry», antwortete Tobias nur.

Jetzt wusste Britney wirklich nicht mehr, wie sie Tobias zum Reden bringen sollte.

«I'm going to hang out with Madison», teilte sie ihm mit.

Als Tobias auch darauf nur mit einem müden Schulterzucken reagierte, ließ Britney ihn stehen und ging, verwirrt den Kopf schüttelnd, zurück zu ihrer besten Freundin.

When Madison saw Britney's face, she knew right away that something was wrong.

«Did you have a fight with Tobias?», she asked.

«No!», Britney said. «I mean, I don't know.»

«You don't know if you had a fight?», Madison asked.

«We didn't have a fight», Britney explained. «But Tobias is acting very strange. He's not talking to me, and he seems very angry.»

«That *is* strange», Madison said. «Do you have any idea what's wrong?»

«I really don't know», Britney answered, looking a little sad.

«Maybe you can talk to him tonight when you are alone», she suggested.

«That's a good idea», Britney said. «I'll talk to him tonight.»

«I'm sure everything will be okay», Madison said.

Britney nodded. She really hoped that Madison was right.

Chapter Thirteen –
Liebeskummer

Tobias und Britney hatten in Berlin und auch während der Rückfahrt nicht miteinander geredet, und auch beim Abendessen mit Tobias' Eltern waren beide sehr wortkarg geblieben. Jetzt waren sie zum ersten Mal allein. Sie saßen nebeneinander auf dem Sofa im Wohnzimmer der Steins, und Britney ergriff das Wort.

«Tobias, what's wrong? What did I do?», fragte sie ihn rundheraus.

Tobias wusste nicht gleich, was er antworten sollte. Wie sollte er die Sache erklären? Eigentlich hatte Britney ja gar nichts getan. Und wahrscheinlich würde sie ihn auslachen, wenn er erzählte, warum er den ganzen Tag so still gewesen war.

«Nothing», sagte er deswegen etwas zögerlich.

«Are you sure?», fragte Britney ungläubig. «You didn't talk to me all day!»

Tobias wusste immer noch nicht, was er sagen sollte. Vielleicht wäre es am besten, das Ganze einfach zu vergessen. Er hatte wahrscheinlich sowieso nur überreagiert.

«I'm sorry», sagte er darum. Und obwohl er fand, dass es nach einer schlechten Ausrede klang, fügte er hinzu: «I was just very, very tired.»

Britney schien erleichtert.

«So everything is okay?», fragte sie vorsichtig. «And you still like me?»

«Yes», sagte Tobias erleichtert und war froh, als Britney ihn anlächelte.

«And I like you, too», sagte sie und küsste ihn auf die Wange.

Tobias strahlte. Eigentlich fühlte er sich jetzt wieder genauso glücklich wie an den Tagen zuvor. Gerade wollte er Britney sagen, wie froh er war, dass alles wieder in Ordnung war, da betrat seine Mutter das Wohnzimmer.

«Telefon», sagte sie.

Tobias sprang auf. Wer könnte ihn noch so spät am Abend anrufen? Er wollte nach dem Telefon greifen, doch seine Mutter stoppte ihn.

«Es ist nicht für dich, es ist für Britney», sagte sie und reichte Britney den Hörer. «Björn ist dran.»

Sofort fühlte Tobias wieder, wie sich sein Magen zusammenkrampfte. Eben gerade hatte er noch gedacht, alles wäre in Ordnung, aber jetzt ... Wütend blickte er Britney hinterher, die sich mit dem Telefon in die Küche verzogen hatte.

«Sag Britney, dass ich schon schlafe», sagte er mit tonloser Stimme zu seiner Mutter, die ihn verständnislos anschaute. Dann machte er auf dem Absatz kehrt, lief hinauf in sein Zimmer und schmetterte die Tür mit solcher Wucht ins Schloss, dass alle anderen im Haus vor Schreck zusammenzuckten.

Britney returned to the living room after getting off the phone with Björn. To her surprise, she found only Tobias' parents sitting on the couch. Tobias was gone.

«Wo ... ist Tobias?», fragte Britney auf Deutsch.

«Er hat gesagt, er geht ins Bett», antwortete Frau Stein. Dabei betonte sie jede Silbe laut und deutlich.

«What? Why?», rutschte Britney auf Englisch heraus.

«Ich weiß nicht … ich meine, I don't know», sagte Tobias' Mutter.

«I don't understand this», sagte Britney traurig. Frau Stein guckte sie mitfühlend an, wusste aber auch keine Erklärung für Tobias' schnelles Verschwinden.

«Das ist aber nicht nett von Tobi, einfach schlafen zu gehen, ohne Britney gute Nacht zu sagen», mischte Herr Stein sich jetzt ein. «Wir sollten ihn morgen früh fragen, warum er sich so benimmt.»

Britney did not understand what Tobias' father had said, but she felt too unhappy to ask. She said good night to Herrn and Frau Stein and went upstairs to her room. She wasn't tired, so she took out her cell phone and sent a message to Madison.

tobias is still angry. don't
know what to do. help!
britney

A few seconds later, her phone beeped.

oh no! why?
what happened?
madison

‹If only I knew›, Britney thought. She wrote:

i really don't know.
i'm so unhappy … ☹
britney

Britney's phone beeped again.

i'm so sorry …
try to sleep, and we'll
talk tomorrow.
madison

Britney felt a little better after reading Madison's last message. At least her best friend was in Germany with her. They would talk tomorrow, and Madison would know what to do.

Kapitel Vierzehn – ***More messages***

After she had lain in bed for an hour, Britney started to worry again. She couldn't sleep, and she couldn't stop thinking about Tobias. What was wrong? What had she done? Britney wondered if she should send Madison another text message on her cell phone. But then, it was almost midnight, Madison was probably asleep. Britney didn't know what to do. She wanted to talk to someone, but she didn't want to wake Madison up. Who else could she send a text message? Then she had an idea. She took her cell phone and started typing.

Im Zimmer neben Britney war auch Tobias hellwach. Er lag regungslos auf dem Rücken, starrte an die Zimmerdecke und dachte darüber nach, was mit Britney los war. Was verschwieg sie ihm? Erst diese Heimlichtuerei im Zug, und dann rief Björn hier auch noch an und wollte nicht ihn, Tobias, sondern *nur* Britney sprechen … Wenn er so darüber nachdachte, dann hatte Björn sich auch vorher schon viel zu viel Mühe gegeben, in Britneys Nähe zu sein. Warum war ihm nicht gleich aufgefallen, was da los war? Und was fiel Björn eigentlich ein, sich an *seine* Freundin heranzumachen? In dieser Sekunde piepte sein Handy.

tobias, why did you go to bed without
saying good night? do you want to
come to my room & talk?
britney

Noch während er Britneys Nachricht las, war Tobias schon aus dem Bett gesprungen und auf dem Weg in ihr Zimmer. Natürlich wollte er mit Britney reden. Hoffentlich hatte sie eine ganz einfache Erklärung für alles, was passiert war. Vorsichtig öffnete er die Tür zum Gästezimmer einen Spalt. Britney saß auf ihrem Bett und lächelte ein bisschen, als sie seinen Kopf im Türrahmen erblickte.

«Hey», sagte sie, «come in.»

Tobias schloss die Tür hinter sich und setzte sich neben Britney.

«How are you?», fragte sie vorsichtig.

«Okay», antwortete Tobias kurz.

«Why did you go to bed without saying good night?», wiederholte sie ihre Frage aus der Kurznachricht.

Jetzt, wo er Britney gegenübersaß, war es gar nicht so leicht, das zu erklären.

«I … I don't know … I was just …», fing er an, ohne zu wissen, was er eigentlich sagen sollte.

«In the living room you said that nothing was wrong. But I feel like something *is* wrong. Are you angry at me for something?», fragte Britney darauf. Sie sah ziemlich besorgt aus, fand Tobias.

«I'm not angry, I'm …» Tobias rang wieder um die richtigen Worte. Britney guckte ihn fragend an.

«I was worried that … I was worried that maybe you like someone else better than me», sagte er ganz leise und mit gesenktem Blick.

«But … why?» Britney klang verwundert. «Of course I like only you!»

Tobias fühlte, wie, genau wie vorhin im Wohnzimmer, sein Ärger plötzlich verflog. Er hob seinen Blick und schaute Britney in die Augen. Wieso hatte er sich bloß solche unnötigen Sorgen gemacht? Tobias nahm Britneys Hand und wollte sie gerade zu sich heranziehen, da piepte Britneys Handy. Sie griff danach und las, was auf ihrem Display stand. Dann lächelte sie, wie Tobias fand, ganz geheimnisvoll und legte das Handy wieder auf den Tisch.

«Was that a message from Madison?», fragte Tobias vorsichtig.

«No, I mean … no. It wasn't from Madison», antwortete Britney, anstatt zu sagen, von wem die Nachricht denn tatsächlich gekommen war. Tobias hatte sofort wieder dieses schlechte Gefühl in der Magengrube.

«Who was the message from?», fragte er mit gepresster Stimme.

«Oh … it was just … it was from Björn … It was nothing

important …», sagte Britney beiläufig. «Nothing important at all.»

Tobias spürte, wie sich sein Magen verkrampfte. Björn. Schon wieder! Und Britney wollte immer noch nicht zugeben, was er eigentlich von ihr wollte. Diese Unterhaltung hatte doch überhaupt keinen Zweck! Tobias kam sich total lächerlich vor. Er wollte nur noch allein sein.

«I'm going to bed», sagte er kurz und stand auf. «Good night.»

Die Tür war schon hinter ihm ins Schloss gefallen, bevor Britney etwas antworten konnte. Traurig ließ sie sich auf ihr Kissen fallen. Tobias' Verhalten war immer noch völlig rätselhaft. Als sie ihre Hand ausstreckte, um die Nachttischlampe auszuknipsen, fiel ihr Blick wieder auf ihr Handy. Tobias noch einmal eine Nachricht zu schicken hatte sicher keinen Sinn. Und Madison schlief jetzt unter Garantie tief und fest. Und sie hatte jetzt überhaupt keine Lust, Björn noch mehr seiner vielen Fragen zu beantworten. Britney drehte sich zur Wand und versuchte, trotz allem doch noch einzuschlafen.

Chapter Fifteen – **Stille**

Als Tobias am nächsten Morgen aufwachte, fühlte er sich, als hätte er überhaupt nicht geschlafen. Er hatte überhaupt keine Lust aufzustehen. Wenn er nur daran dachte, dass er Britney gleich am Frühstückstisch begegnen würde, fühlte er sich noch mieser. Was sollte er dann bloß zu ihr sagen? Je länger Tobias so dalag und grübelte, desto ärgerlicher wurde er. Diese Textbotschaft von Björn mitten in der Nacht hatte seine ganzen Vorahnungen bestätigt. Was bildete sich Britney eigentlich ein? Erst tat sie so, als ob sie sich monatelang auf ihr Wiedersehen gefreut hätte, und jetzt fand sie Björn ganz offensichtlich viel interessanter. Tobias beschloss, Britney fürs Erste die kalte Schulter zu zeigen. Sollte sie doch merken, wie es war, links liegen gelassen zu werden!

Tobias guckte aus dem Fenster. Die Sonne schien wieder, keine Wolke war am Himmel zu sehen. Er griff sein Handy vom Nachttisch, drückte ein paar Tasten und schickte die gleiche Kurznachricht an Philipp, Matthias und Jonas.

will jemand fußball
spielen? oder etwas
anderes machen?
egal was, hauptsache,
ohne mädchen.
tobi

Es dauerte nur ein paar Minuten, bis seine Freunde ihm geantwortet hatten. Alle drei hatten Zeit, und sie verabredeten sich gleich nach dem Frühstück im Park.

Als Tobias gerade mit dem Frühstück fertig war, lugte Britney vorsichtig durch die Küchentür.

«Good morning, Tobias», sagte sie leise. «How are you?»

Er guckte kurz in ihre Richtung, doch zu einer Antwort konnte er sich nicht durchringen. Wie sollte es ihm schon gehen? Er stand auf, nahm seinen Teller und seinen leeren Becher, stellte beides geräuschvoll auf die Geschirrspülmaschine, guckte nochmal zu Britney, zuckte die Schultern und drängte sich ohne eine Wort an ihr vorbei aus der Tür.

«Mama, Papa, ich gehe mit den Jungs in den Park!», hörte sie ihn noch rufen, dann schlug die Haustür zu.

Britney felt terrible. What was wrong? Why was Tobias so angry? She sat down at the kitchen table and looked around. There were rolls, bread, butter, jam and some of the Nutella she liked so much. Britney took a roll and put some of the chocolate spread on it. She took a bite, but it didn't taste good anymore. She tried some milk, but she didn't like that either. She was just too miserable to like the taste of anything, and she didn't feel hungry at all.

Suddenly, Britney felt very lonely. Tobias had really left without her. For the first time, she realized she was all alone in a foreign country. Her parents and her little sister were thousands of miles away. She missed them a lot. Britney felt a tear running down her face.

Then, suddenly, her cell phone beeped. Britney sighed and took it out of her pocket.

hey britney, are you awake?
let's meet at the ice cream
place in 30 minutes, okay?
madison

Britney felt a lot better knowing at least someone still liked her. She only wrote one word back to her best friend: «YES!» She quickly cleaned up the breakfast table, got the bike out of the garage and rode to the ice cream place as fast as she could.

Kapitel Sechzehn – ***It's good to have friends***

Wütend kickte Tobias den Fußball gegen die Mauer des großen Springbrunnens in der Mitte des Parks. Seine Freunde hatten sich alle auf der Umrandung niedergelassen, aber Tobias war nicht nach Stillsitzen zumute. Der Ball prallte von der Mauer ab, kam wieder auf ihn zugesprungen, und Tobias trat wieder mit voller Wucht nach ihm.

«Jetzt beruhig dich mal, Tobi!», rief Matthias ihm zu.

«Was ist denn überhaupt los, dass du meinen Ball so misshandelst?», wollte Jonas wissen.

«Gar nichts ist los» murmelte Tobias, während er den Ball wieder gegen die Mauer trat. «Wollen wir jetzt endlich spielen? Zwei gegen zwei?»

«Ooch nee», protestierte Philipp, «ist viel zu warm heute.»

«Finde ich eigentlich auch», stimmte Matthias zu.

«Dann eben nicht», gab Tobias zurück, hörte aber nicht auf, gegen die Mauer zu schießen.

«Irgendwas ist doch los mit dir», fing Jonas wieder an.

Tobias antwortete nicht, sondern hechtete mit einem grimmigen Gesichtsausdruck hinter dem Ball her, der in die falsche Richtung gesprungen war.

«Wisst *ihr*, was er hat?», fragte Jonas die anderen beiden.

Matthias und Philipp zuckten nur mit den Schultern.

At the ice cream place, Madison was already there when Britney arrived. She was sitting at a table in the sun. She saw Britney, jumped up and gave her friend a big hug.

«Hey, Brit», she said happily, «how are you?»

«Hey», Britney answered. «Not so good.»

«Oh no!» Madison sat down again. «Is it still because of Tobias?»

«Yeah.» Britney nodded. «He isn't talking to me *at all* now.»

«What? Really? Where is he anyway?», Madison asked.

«He went to the park with his friends, I think», Britney said.

«And he didn't ask you to go with him?» Madison sounded shocked.

Britney shook her head sadly.

«I really don't understand all this.» Madison looked at her friend. «When did he start acting so strange?»

«When we were in Berlin, I think. Everything was okay at the train station in the morning, but then he just kept getting quieter.» Britney explained.

«Did you try to talk to him?», Madison said.

«Yes, but it didn't help», Britney replied.

Madison didn't say anything.

«What should I do, Madison?», Britney asked.

«I don't know», she answered.

Now Britney didn't say anything. She could feel that she was going to cry again.

«Don't be sad», Madison said quickly. «Let's try and have some fun, just you and me!»

«Hhhhmm», Britney sniffled.

«It'll be fantastic! Just the two of us, doing whatever we want. And no talking about boys! What do you think, girlfriend?»

«Okay», Britney even managed to smile a little.

«Okay!» Madison smiled back at her. «How about we start our day with some ice cream?»

«Oh, I don't know if I want any ice cream», Britney said. «Maybe I'll just drink some water.»

«Too late! I already ordered for you», she informed Britney with a big smile.

The same moment, a waitress came to the table.

«Einmal den riesigen Spezial-Überraschungsbecher», the woman said as she put a gigantic bowl of ice cream in front of Britney.

«Wow!», was all that Britney could say. Madison really did know how to make her feel better.

Tobias hatte endlich aufgehört, auf den Fußball einzutreten, und hatte sich zu seinen Freunden auf den Brunnenrand gesetzt. Bevor er etwas sagen konnte, ergriff Jonas wieder das Wort.

«Wo ist überhaupt deine Amerikanerin?», fragte er.

«Ja, genau, wo ist Britney?», fragte auch Philipp.

Tobias verschränkte die Arme und versuchte, eine gleichgültige Miene aufzusetzen.

«Keine Ahnung. Ist mir auch völlig egal, wo die ist», antwortete er nur.

Seine Freunde guckten sich verwundert an.

«Was ist denn los?», fragte Matthias.

Tobias seufzte. Es hatte ja doch keinen Zweck, seinen Freunden zu verheimlichen, was passiert war. «Björn hat sich an Britney rangeschmissen, und sie findet ihn offensichtlich auch ganz toll. Das ist los.»

«Welcher Björn?», fragte Philipp. «Der aus unserer Parallelklasse?»

Tobias nickte stumm.

«Bist du sicher?», fragte Matthias.

Tobias nickte wieder. «Sonst würde Britney ja nicht dauernd mit ihm zusammen sein statt mit mir, oder?»

Jonas, Philipp und Matthias nickten.

«Wahrscheinlich ist Britney sofort wieder zu Björn gerannt, als ich aus dem Haus gegangen bin», fügte Tobias hinzu. Er war jetzt richtig sauer.

«Kein Wunder, dass du schlecht gelaunt bist», meine Jonas und klopfte ihm auf die Schulter. Dann sagte er zu den anderen: «Was meint ihr, vielleicht sollten wir doch 'ne Runde kicken, dann kommt Tobi bestimmt auf andere Gedanken.»

Matthias und Philipp nickten. Also trotteten die vier auf die Wiese hinter dem Springbrunnen, markierten zwei Tore mit den herumliegenden Ästen und begannen, sich den Ball zuzuspielen. Tobias war froh, dass er seinen Freunden erzählt hatte, was los war. Und nachdem die ersten Tore gefallen waren, hatte er seine schlechte Laune für eine Weile fast vergessen.

Chapter Seventeen – ***Schlechtes Timing***

Der Überraschungseisbecher schmeckte phantastisch. Britney und Madison brauchten eine geschlagene Viertelstunde, um ihn aufzuessen. Nach dem letzten Löffel lehnte Britney sich in ihrem Stuhl zurück.

«That was a wonderful idea», sagte sie. «Thank you, Madison.»

Madison grinste. «Eating ice cream is *always* a wonderful idea in my world!»

Britney lächelte, doch dann wurde sie schnell ernst. Ihr war wieder eingefallen, wieso sie sich eigentlich mit Madison getroffen hatte. Sofort fühlte sie wieder die Tränen in sich aufsteigen. Madison hatte die Veränderung in Britneys Gesicht sofort bemerkt.

«Are you okay?», fragte sie mitfühlend.

«I was just thinking of Tobias again …», antwortete Britney langsam mit gesenktem Blick.

«Oh, Britney», seufzte Madison. Sie hatten doch beschlossen, heute nicht mehr über Jungen zu reden und den Vormittag zu genießen. «Let's *not* talk about Tobias now! Just enjoy yourself!»

«But …», fing Britney wieder an.

«No buts!», schnitt Madison ihr entschlossen das Wort ab. «Or do I have to order you some more ice cream?»

Jetzt musste Britney wieder ein bisschen lächeln. Madison gab sich wirklich alle Mühe, sie auf bessere Gedanken zu bringen. Sie beschloss, sich zusammenzureißen. Schließlich konnte sie an Tobias' seltsamen Verhalten im Moment sowieso nichts ändern.

«You're right», sagte Britney deshalb. «No more talk about Tobias.»

Madison nickte ihr aufmunternd zu.

«What should we do now?», fragte Britney.

«Anna, Björn and James are at the swimming pool. Do you want to go there?», schlug Madison vor.

Britney überlegte. Tobias war ohne Schwimmsachen aus dem Haus gestürmt, die Wahrscheinlichkeit war also gering, dass sie ihm dort über den Weg laufen würde.

«Great idea», stimmte sie deshalb zu. «Let's go to the pool.»

Tobias und seine Freunde hatten schon über eine Stunde gespielt, als Matthias einen Vorschlag machte. «Wie wär's mit einer Abkühlung?», rief er den anderen zu.

Jonas stoppte den Ball. «Schwimmbad?», fragte er. Matthias nickte.

«Gute Idee», sagte Philipp. «Mir ist ganz schön heiß.»

Jetzt guckten alle Tobias an. Der zuckte mit den Schultern.

Richtig Lust hatte er nicht. Andererseits war alles besser, als zu Hause auf Britney zu treffen.

«Meinetwegen», sagte er deshalb. «Aber ich hab keine Schwimmsachen dabei, und nach Hause gehe ich auf keinen Fall.»

«Kannst dir was von mir leihen», schlug Philipp vor. «Ich wohne ja sowieso ganz nah beim Schwimmbad, ist also gar kein Problem, wenn du kurz mitkommst.»

Tobias nickte. Jonas und Matthias fuhren schnell los, um ihre Badesachen zu holen. Tobias lief mit Philipp nach Hause und lieh sich von seinem Freund ein paar Handtücher und Badeshorts.

Britney and Madison rode their bikes to the Stein's house and picked up Britney's bikini and some towels. Britney was relieved: Tobias was not home. They left quickly and went to Anna's house to get Madison's bikini. Then the girls rode to the outdoor swimming pool. There were a lot of people at the pool, but Madison spotted their friend right away.

«Hey, Anna!», rief sie ihrer Austauschpartnerin schon von weitem zu.

«Hi, Madison, hi, Britney», rief Anna zurück.

Die beiden Mädchen breiteten ihre Handtücher neben Annas riesiger Decke aus und machten es sich in der Sonne bequem.

«Are you all alone?», fragte Madison Anna.

«No, no», antwortete Anna. «Björn and James are here, too, of course.»

«Are they swimming?», wollte Britney wissen.

«No», sagte Anna schüttelte den Kopf. «They are getting some French fries.»

«Hhhmm, French fries», sagte Madison. «We had a lot of ice cream, but I would really like some French fries now.» Sie grinste ihre Freundin an. «How about you, Britney? Some French fries for lunch after an ice cream breakfast?»

Britney merkte, dass sie tatsächlich Appetit auf Pommes frites hatte. «Actually, French fries would really be great now!», stimmte sie Madison zu. «With a lot of salt and ketchup!»

Anna lachte über die Begeisterung der beiden.

«I'm sure Björn and James will buy enough French fries for all of us», grinste sie.

And, as always, Anna was right. James and Björn returned with three plates of French fries. The plates were so big that there was easily enough for five people – so much even that the boys didn't mind sharing. Björn sat down between Britney and Anna with his plate, James put down the other two plates in front of Britney and Madison. The two boys and Anna started eating right away. Britney and Madison looked at the French fries in front of them, then they looked at each other.

«Ahhem», Madison räusperte sich und guckte fragend in die Runde. «What's that white stuff on the fries?»

«Mayonnaise, of course», antwortete Anna.

«*Mayonnaise!?!*», fragten Britney und Madison wie aus einem Mund.

«Why not ketchup?», schloss Britney an.

«We eat fries with ketchup, too», erklärte Anna. «But fries taste really good with mayonnaise.»

«It's true», pflichtete James ihr bei. «It tastes great!»

Björn nickte energisch, um James beizupflichten, und stopfte sich noch einen Haufen Pommes in den Mund.

«Okay ...», sagte Britney zögerlich und stippte einen Pommes in die Mayonnaise. Madison tat es ihr gleich. Sie probierten.

«This *is* good!» Britney nahm sich sofort nach.

«Yeah, it's great!», sagte auch Madison. «It's crazy, but it's not bad at all!»

«Yeah, it's not crazy like the crazy sweet popcorn. It's a *good* crazy!», lachte Britney, und die anderen lachten mit.

Es hatte keine halbe Stunde gedauert, bis Tobias und die anderen Jungen sich vorm Schwimmbadeingang wiedertrafen.

«Am besten, wir schmeißen unseren Kram irgendwohin und gehen gleich ins Wasser», schlug Philipp vor. Die anderen nickten zustimmend. Sie hatten die Liegewiese fast erreicht, als Tobias abrupt stehen blieb. Das konnte doch nicht wahr sein! Seine Freunde drehten sich nach ihm um.

«Was ist?», fragte Matthias.

Tobias brachte vor Wut kein Wort heraus und machte nur eine Kopfbewegung nach rechts. Die drei anderen guckten in die Richtung, in die er gedeutet hatte. Sie sahen sofort, warum

Tobias stehen geblieben war: Dort saßen Madison, James und Anna und gleich daneben Björn und Britney. Sie alle schienen bester Laune, man konnte ihr Lachen über die ganze Wiese hören.

Tobias starrte immer noch auf Britney. Er biss die Zähne zusammen, ballte seine Hände in den Hosentaschen zu Fäusten, doch es half nichts. Er merkte, wie ihm plötzlich wieder zum Heulen zumute war.

«Ich hau ab», sagte Tobias mit gepresster Stimme. Seine Freunde schauten ihm hinterher, als er mit hängenden Schultern aus dem Freibad ging.

Kapitel Achtzehn – **School begins**

Nach dem missglückten Schwimmbadbesuch ging Tobias Britney so gut er konnte aus dem Weg. Er achtete darauf, dass er morgens das Haus verließ, bevor Britney aus ihrem Zimmer kam. Mittags lud er sich abwechselnd bei Matthias, Philipp und Jonas zum Essen ein. Und beim gemeinsamen Abendessen, auf das seine Eltern bestanden, sagte er nicht mehr als das Allernötigste und verschwand nach ein paar Bissen auf sein Zimmer, ohne Britney auch nur eines Blickes zu würdigen. Womit Britney die Tage verbrachte, wusste Tobias nicht, aber er war sich sicher, dass sie sich ohne ihn bestens amüsierte. Mit Björn natürlich, das war klar. Dass Britney während der gemeinsamen Abendessen auch nur schweigend auf ihren Teller starrte und ein ziemlich trauriges Gesicht machte, fiel ihm dabei gar nicht auf.

Auf diese Art verstrich die letzte Woche der Sommerferien. Fast war Tobias froh, dass die Ferien vorbei waren. Vielleicht würde ihn der Unterricht von Britney ablenken. Allerdings wurde ihm auch klar, dass es sich jetzt nicht mehr vermeiden ließ, Zeit mit Britney zu verbringen: Ob er wollte oder nicht, Britney und die anderen Austauschschüler würden auch in der Schule sein. ‹Ein Glück›, dachte Tobias missmutig, ‹dass Björn in meiner Parallelklasse ist.› Britney und Björn auch noch während des Unterrichts tuscheln und kichern zu sehen, das wäre wirklich zu viel.

On their way to the school, Britney was not surprised that Tobias was walking next to her without saying a word. If things were different, she thought, it would be a really nice walk. It was a lot like the walk they had taken on her first day in Germany. Britney saw so many big old German houses and beautiful gardens she would never find in Wisconsin. Tobias probably knew some interesting stories about some of the houses or the people who lived there. Instead of his stories, all she heard was Tobias' and her own footsteps. It had been over a week since he had last talked to her, she thought sadly.

In front of the school, Tobias immediately went to talk to some boys Britney had never seen. The boys all walked away together. Britney was alone. She walked inside the big building and looked around. Luckily, she spotted Anna and Björn who were standing outside their classroom.

«Guten Morgen, Britney», Anna said in her friendly voice.

«Wo ist denn dein Gastbruder?», Björn asked.

«Oh. I don't know. He walked away.» Britney didn't have the energy to use her German. And she didn't want to talk about Tobias with Anna and Björn. «Let's talk about something else», she suggested.

Björn und Anna tauschten einen Blick.

«Es ist aber auch zu dumm, dass Britney gleich ohne Madison in die Parallelklasse zu Tobias muss …», sagte Anna auf Deutsch.

Björn kratzte sich am Kopf. Er sah aus, als hätte er eine Idee.

«Aber … wieso eigentlich? Eine Austauschschülerin mehr oder weniger würde den Lehrern wahrscheinlich gar nicht auffallen! Wir schicken Madison und Britney einfach zusammen los», schlug er vor. Anna schüttelte missbilligend den Kopf. Aber Björn kümmerte sich nicht darum und wandte sich an Britney.

«I just had a great idea», sagte er. «I think you should go to class with Madison. It will be less boring if you can sit with her. Madison is still outside, she will be here in a moment.»

«That sounds good», antwortete Britney erleichtert. In diesem Moment öffnete sich wie aufs Stichwort die schwere Schultür, und Madison erschien.

«Hey, Britney», sagte Madison lächelnd. Sie klang fröhlich wie immer. Britney fühlte, wie sich auch ihre Stimmung gleich ein bisschen aufhellte.

«Björn thinks we can go to class together», informierte sie ihre beste Freundin.

«Great idea», freute sich Madison.

«I don't know if the teachers will allow it», warf Anna ein.

«Oh, I think the teachers won't notice», beruhigte Björn die beiden Amerikanerinnen. «You can go to three classes with us and then to three classes with Tobias.»

«Do you think that's okay, Brit?», fragte Madison. Dann schaute sie sich suchend um. «Where is Tobias anyway?»

«I don't know», sagte Britney, die jetzt froh, war, Madison alles zu erzählen. «He actually left me standing in front of the school all alone this morning.»

«What?!» Madison war entsetzt. «He can't do that. He's been so mean, and we still don't even know what's wrong. It's not fair! We should go to his classroom first and find out what's wrong with him.»

«Yeah, okay, fine.» Britney wäre zwar lieber zuerst mit Anna und Björn in deren Klasse gegangen, aber so konnte sie das Zusammentreffen mit Tobias schneller hinter sich bringen. Und wer weiß, dachte sie im Stillen, vielleicht würde sich Tobias ja auch freuen, sie zu sehen ... Björn riss sie aus ihren Gedanken.

«Come on, I'll show you where Tobias' classroom is. And then I will pick you up after the third period.»

Britney und Madison nickten und folgten Björn zu Tobias' Klassenzimmer.

Tobias had taken his seat in the back of the classroom. He watched the door as his classmates arrived; all of them in a better mood than he was. He couldn't stop thinking about Britney. Would she come at all? He didn't want to admit it, but he really missed her. Tobias wished that Britney would walk in, see how sad he was and give him a big hug. Then he remembered Björn, and he was angry all over again. Suddenly he wished that Britney had gotten lost in the big school building and that she would never find the way to his classroom.

That moment, Britney arrived. To Tobias' surprise, Madison was there, too. And – Björn.

«Okay, have fun, and good luck!», sagte Björn zu den Mädchen und schob sie in das Klassenzimmer. Dann war er auch schon wieder verschwunden.

«Thanks, Björn!», hörte Tobias Britney rufen. Dann setzten sich die beiden Mädchen an einen freien Tisch nicht weit von ihm entfernt. Britney guckte ständig in seine Richtung, doch Tobias gab sich alle Mühe, ihre Blicke komplett zu ignorieren.

«He's still angry», flüsterte Britney Madison zu.

Madison warf Tobias einen prüfenden Blick zu. «I think he looks really unhappy», sagte sie. «Maybe you should just go and talk to him again.»

Britney wusste nicht, was sie von diesem Vorschlag halten sollte. Vielleicht würde Tobias sie vor der ganzen Klasse anbrüllen. Andererseits wünschte sich sehr, dass mit Tobias wieder alles in Ordnung kommen würde. Entschlossen stand Britney auf. Bevor sie jedoch einen Schritt in Tobias' Richtung machen konnte, drückte Madison sie zurück auf ihren Stuhl.

«The teacher!», wisperte sie ihr zu. Britney guckte nach vorn. Tatsächlich hatte gerade ein Mann mit einem Stapel Bücher unter dem Arm die Klasse betreten.

Chapter Nineteen – ***Vor der ganzen Klasse!***

«Guten Morgen, hattet ihr schöne Ferien?», begann der Lehrer den Unterricht. Dann bemerkte er die amerikanischen Schülerinnen und Schüler.

«Good morning!» Er zögerte, als ob er in seinem Gedächtnis nach Vokabeln suchte. «Welcome to Germany.» Er machte wieder eine Pause. «My name is Herr Schreiber oder … Mister Schreiber. I am the history teacher.» Ein paar deutsche Schüler kicherten. Sie hatten Herrn Schreiber noch nie Englisch reden hören. Er wechselte auch sofort wieder die Sprache.

«Äääh, ja. Machen wir lieber auf Deutsch weiter. Ihr sprecht doch Deutsch, oder?»

Die amerikanischen Schülerinnen und Schüler nickten zaghaft.

«Vielleicht könnten unsere Gäste sich vorstellen?» Er blickte zu Britney und Madison. Madison hob mutig ihre Hand. «Ja, du», sagte Herr Schreiber. «Bitte steh mal auf, sag deinen Namen und ein paar interessante Sachen über dich, zum Beispiel dein Lieblingsfach.»

«Okay», sagte Madison und holte tief Luft. «Ich heiße Madison. Ich wohne bei Anna. In der Schule mag ich Deutsch und … Fußball.»

«Gut. Danke. Dein Deutsch ist gut, besser als mein Englisch.»

Ein paar Schüler lachten.

«Und jetzt du, bitte.» Er deutete auf Britney.

Britney stand langsam auf. «Hallo. Ich heiße Britney. Ich komme aus Appleton, Wisconsin.» Britney überlegte. Dann sagte sie mit Nachdruck und in ihrem besten Deutsch: «Mein Gastbruder ist Tobias.»

«Aha», sagte Herr Schreiber freundlich. «Und wo ist Appleton? Ist das eine Großstadt oder in der Nähe einer Großstadt?»

Darüber brauchte Britney nicht nachzudenken. Milwaukee war zwar näher an Appleton, aber Chicago war viel berühmter. «Appleton is near … I mean … it's close to …»

Verzweifelt suchte sie nach dem richtigen deutschen Wort.

«bei!», zischte Madison ihr zu.

«Appleton ist bei Chicago», beendete Britney mit einem dankbaren Blick auf Madison ihren Satz.

«Na ja», sagte plötzlich eine spöttische Stimme aus der letzten Reihe, «wenn man vier Stunden Autofahrt für eine kurze Entfernung hält …»

Herr Schreiber blickte verwundert auf den Sprecher. Tobias fuhr unbeirrt fort: «Appleton liegt echt mitten in der Pampa. Von wegen nah an Chicago!»

Britney konnte es nicht glauben. Sie hatte zwar nicht alles verstanden, aber es hatte ganz so geklungen, als hätte Tobias sie gerade vor der ganzen Klasse als Lügnerin dargestellt. Zum Glück ging Herr Schreiber nicht weiter auf Tobias' Einwurf ein.

«Danke, Britney. Ich weiß, dass vier Stunden Autofahrt nicht besonders viel sind – für amerikanische Verhältnisse. Deswegen ist Appleton für dich ziemlich nah an Chicago, richtig?»

«Ahhm, yes.» Britney nickte dankbar. Wütend und hochrot im Gesicht setzte sie sich wieder auf ihren Platz.

Then Herr Schreiber started the history lesson. Britney and Madison had trouble following what the teacher was saying. It was something about the Weimar Republic, but they didn't really understand. Britney was too busy being mad at Tobias anyway.

When class ended, Herr Schreiber packed up his books and said goodbye. A few of the other students stood up, so Madison and Britney did, too.

«Do you know where the next subject is?», fragte Madison. «How are we going to find the room?»

«I don't know», antwortete Britney. Dann fügte sie ärgerlich hinzu: «I know we *can't* ask Tobias!»

Madison schaute sich in der Klasse um. Auch die anderen Amerikaner schienen darauf zu warten, mit den Deutschen in ein anderes Klassenzimmer zu gehen. Madison nahm sich ein Herz und sprach den Jungen an, der vor ihnen gesessen hatte.

«Excuse me, I mean, Entschuldigung», fragte sie. «Where do we have to go? Wohin gehen wir?»

Der Junge schaute sie verwundert an. «Where do you want to go?», antwortete er auf Englisch.

«To the next class?», versuchte Madison es erneut.

«The next class is here, too», sagte der Junge langsam. «Almost all classes are in this room.»

«Oh», antwortete Madison. «I didn't know that.» Sie ließ sich wieder neben Britney auf ihren Stuhl fallen. «Did you hear that?», fragte sie ihre Freundin.

«Mhhm», sagte Britney nur. Ihr war es egal, wo der Unterricht stattfand. Sie hatte einen Entschluss gefasst: Sie würde Tobias doch noch ein letztes Mal ansprechen. So konnte es doch nicht weitergehen! Sie musste sich nur noch überlegen, was sie zu ihm sagen sollte.

Madison and Britney sat through the next two classes, hardly paying attention. There was a German class, but it was very difficult, and then a math class. Britney normally liked these subjects, but she did not listen to the teachers at all. At the end of the math class, Britney gathered her courage and walked over to Tobias.

«What is wrong, Tobias? Please talk to me. Please!», sagte sie flehend.

Tobias starrte auf die Tischplatte.

«I don't understand it», versuchte Britney es erneut.

Tobias schwieg weiter.

«Why are you always leaving me alone?» Britney fühlte, wie die Tränen wieder in ihr aufstiegen.

Endlich reagierte Tobias.

«Alone?», fragte er sarkastisch. «You are not alone. *I'm* alone.»

«But … you're not talking to me. You're so mean to me», platzte es aus Britney heraus. «I don't understand it. How can I be with you when you're like this?»

«When I'm like this? What do you mean?», fragte Tobias.

Bevor Britney antworten konnte, hörte sie eine andere Stimme hinter sich ihren Namen rufen.

«Britney! Hallo!» Es war Björn, der mit Madison in der Klassentür stand und auf sie wartete.

«We have to go to my classroom. Remember, you wanted to come to my class», drängte er.

Das hatte Britney ganz vergessen. Lieber wollte sie hierbleiben und *endlich* herausfinden, was mit Tobias los war.

«Yes, you should go», sagte Tobias da allerdings mit kalter Stimme. «You should go to Björn's class. I've seen enough.»

«Seen enough? Seen enough what? What are you talking about?», fragte Britney Tobias verzweifelt.

«I said I've seen enough», wiederholte Tobias nur und starrte wieder auf seinen Tisch.

«Britney, we should go», sagte Björn wieder von der Tür. «We only have two minutes until class starts.»

«Fine», sagte Britney schließlich. «I'm coming.»

Britney folgte Björn und Madison aus dem Klassenzimmer. Die anderen Schüler starrten ihr neugierig hinterher. Nur Tobias hielt seinen Blick gesenkt.

Kapitel Zwanzig –

After-school girl talk

After three more lessons with Björn's and Anna's class, the two American girls walked home with Anna.

«So, does anyone know what Tobias' problem is?», Britney began again.

«Well, I have no idea», said Anna. «I don't know him very well.»

«He is really sad, I think», said Madison. «He's *trying* to be angry at you for something, but I think he is really unhappy.»

«I thought everything was going great!», warf Britney ein. «What did I do??»

«You didn't put a women's soccer team poster in his room again, did you?», versuchte Madison mit einem Witz ihre Freundin aufzuheitern.

«Very funny.» Britney erinnerte sich noch gut daran, wie Tobias und sie sich bei seinem ersten Besuch in die Haare gekriegt hatten – nur wegen eines dummen Witzes über ein Fußballposter. Vielleicht, dachte sie dann, ist es wieder so ähnlich: Vielleicht ist das alles nur ein Missverständnis.

Madison hatte den gleichen Gedanken: «Maybe it really is something like that: just another little mix-up.»

«I hope it is!» Britney seufzte. Dann wechselte sie das Thema. Es gab da schließlich noch etwas, auf das sie Anna ansprechen wollte.

«Anna, there's something I've been meaning to ask you …»

Britney machte eine kurze Pause. «Have you noticed anything interesting about Björn lately?»

«Interesting? What do you mean?», fragte Anna unschuldig und wurde ein bisschen rot.

«You know», fuhr Britney fort, «he's always around us, and I think it's not because of me or Madison …»

«Really?», fragte Anna etwas verlegen. «Do you think it's because of *me*?»

Britney nickte. «Sure. Haven't you noticed? He always wants to do things with us, and he always wants to sit next to you!»

Madison pflichtete ihrer Freundin bei. «I think Britney is right, Anna. Didn't you notice how he's always smiling at you? And he always agrees with you when you say something!»

Anna nickte. «I did notice that. But maybe it doesn't mean anything.»

«It's totally clear. Björn has a crush on you. Don't you think, Madison?», Britney said.

Madison nickte. «Britney is right, Anna. Björn really likes you.»

Obwohl sie sonst nie um Worte verlegen war, sagte Anna dazu erst mal nichts. An ihrem Gesichtsausdruck konnten die beiden Freundinnen aber ablesen, dass sie rein gar nichts gegen ihre Beobachtungen einzuwenden hatte. Schließlich lächelte Anna die beiden Amerikanerinnen an.

«What are you thinking?», fragte Britney.

«What is it? Do you like Björn, too?», fragte Madison.

Anna lächelte immer noch. «He's … cute!», sagte sie schließlich und wurde dabei noch roter im Gesicht.

Britney und Madison grinsten einander an.

«Do you think ...», fragte Anna vorsichtig, «that he wants to be my boyfriend?»

«I wouldn't be surprised», nickte Britney und lächelte vielsagend. «I wouldn't be surprised at all.»

Anna guckte verlegen von Britney zu Madison.

«Maybe something will happen tomorrow», versuchte Madison Anna auf die Sprünge zu helfen.

Anna nickte nur.

«What's going on tomorrow?», fragte Britney.

«We're going to the Harz mountains, remember?», erinnerte Madison sie. Dann wandte sie sich wieder Anna zu. «The long hike will be great for talking. Maybe you can walk with Björn, just the two of you, who knows what will happen!»

Anna nickte wieder und grinste von einem Ohr zum anderen. Und obwohl Britney immer noch sehr traurig war, konnte sie nicht anders, als sich mit Anna zu freuen.

Chapter Twenty-one – ***Der Unfall***

The next morning, Frau Stein dropped Tobias and Britney off in front of the school. Just like before, the two did not talk to each other. When they got on the bus, Britney sat with Madison, Anna and Björn in the back of the bus. Tobias sat in the front. He looked out of the window and did not talk to anyone. During the ride, he heard Björn and Anna point out small towns and villages along the way.

After a while, the road began to get very curvy. There was forest everywhere. After about an hour of driving, the bus parked. There was a big sign that said: «Brocken, 8 km». The sky was blue and cloudless, and the sun was peaking out from behind one of the hills. It was a very nice day.

Die deutschen und amerikanischen Schüler sammelten sich neben dem Bus. Etwas Zeit verging, bis alle ihre Rucksäcke im großen Kofferraum des Busses gefunden hatten. Dann dauerte es noch eine Weile, bis die Lehrerinnen, Frau Berger und Mrs. Mayers, mit dem Busfahrer einen Zeitpunkt für die Rückfahrt vereinbart hatten. Die meisten der Schüler warteten geduldig. Einige setzten sich auf die Bänke, die in der Nähe des Busses standen, und genossen die Sonne, andere blieben einfach beim Bus stehen und unterhielten sich mit ihren Freunden. Nur ein Schüler hielt es nicht aus, so herumzustehen. Er beschloss, schon einmal loszuwandern. Der Weg war schließlich ausgeschildert.

Tobias knew that he should have waited for everyone else, but he did not want to spend another minute near Britney and Björn. The teachers might be angry later, but that didn't matter. He didn't want to wait with everybody else. The group would catch up with him sooner or later.

He had only walked for about five minutes when the path started to become very narrow. He could tell that he was deep inside the forest already. It was really quiet, and there were no other people: no teachers, no students and, most importantly, no Britney smiling at Björn. Tobias kept walking quickly.

Der schmale Pfad machte eine Biegung nach der anderen und wand sich immer weiter den Berg hinauf. Einige Schritte vom Weg entfernt, entdeckte Tobias einen Jägerhochsitz, der aussah, als hätte ihn schon lange kein Jäger mehr benutzt: Die hohen Pfähle, auf denen die kleine Hütte stand, waren verwittert, und das Dach war auf einer Seite eingefallen.

«Vielleicht sollte ich da für die nächsten Tage einziehen», dachte Tobias missmutig. «Da würde mich niemand finden, und ich hätte meine Ruhe.»

For a moment, Tobias pictured himself moving into the little cabin in the trees, far away from everything and everyone else. He knew it wouldn't work, but he liked the idea of being far away from Britney, Björn and the rest of the Americans for a while. Maybe it would be fun to climb up there and see what it was like. Maybe there was a good view, too. He started to walk off the path and towards the wooden structure.

Unter dem Hochsitz angekommen, begann Tobias ohne zu zögern die morsche Leiter hinaufzuklettern. Die Sprossen knarrten und knirschten unter seinem Gewicht. Einige waren schon angebrochen und ganz schief. Tobias arbeitete sich langsam auf der Leiter nach oben. Nachdem er die letzten wackeligen Sprossen geschafft hatte, setzte er seine Füße vorsichtig auf den Holzboden des kleinen Raumes. Der schien zum Glück etwas stabiler zu sein als die alte Leiter. Tobias schaute sich um.

The room was a little bigger than it had looked from the ground, and Tobias was surprised how far he could see. One side looked downhill, and he could see over most of the tree-tops to the next hill and to the sky behind it. The other side was a little flatter, and he could see the path that he had left to get to this place. Tobias sat down on the floor and looked out towards the horizon. He tried to clear his mind and to think only of the nice view. But the more he tried to relax, the more he thought about all his problems with Britney.

In seinen Gedanken ließ Tobias noch einmal die Ereignisse der letzten Zeit an sich vorüberziehen. Er erinnerte sich daran, wie aufgeregt er gewesen war, als Britney und die anderen angekommen waren. Und wie sein Herz plötzlich ganz schnell geschlagen hatte, als sie aus dem Bus gestiegen war und nur Augen für ihn zu haben schien. Er dachte an den ersten Spaziergang mit Britney und an die Grillparty, an den schönen Tag im Schwimmbad und im Kino … Und dann dachte er wieder an die Zugfahrt nach Berlin. Und an Björn, der alles kaputt gemacht hatte. Was zum Teufel fand Britney nur an Björn? Sah Björn so viel besser aus? Oder war er lustiger? Oder netter? Oder war Britneys Verhalten vielleicht ganz normal in Amerika? Vielleicht machte es ihr wirklich gar nichts aus, ihn, Tobias, gegen einen neuen Freund einzutauschen?

Tobias looked over the hills and felt very lonely. Everything seemed empty and useless without Britney. He got up and looked toward the path. There was still no sign of anyone, but he knew that all the other students would be there soon. Tobias sat down again. He didn't want to see anyone. But his mind was going in circles and driving him crazy as he sat up in the little cabin all alone.

Tobias malte sich aus, wie Britney und Björn zusammen durch den Wald wanderten. Wahrscheinlich lächelten sie sich wieder die ganze Zeit geheimnisvoll an. Oder sie tuschelten leise, damit ja keiner hörte, was sie sich Wichtiges zu sagen hatten. «Vielleicht lästern sie auch über mich», sagte Tobias zu sich selbst, «wer weiß.» Er merkte, wie seine Traurigkeit sich langsam wieder in Wut verwandelte.

He got up again and looked at the path. Still no people. But now he didn't want to be alone anymore. He wanted Britney to come and see how angry he was. Tobias didn't know if it was a good idea, but he decided to climb back down and confront Britney one more time. He *had* to talk to her!

Tobias merkte schnell, dass der Abstieg vom Hochsitz schwieriger war als der Aufstieg. Die Leiter schien ihm noch wackeliger als zuvor, und er konnte nicht sehen, wohin er trat. Gerade wollte Tobias seinen Fuß wieder vorsichtig aufsetzen, da passierte es: Die Sprosse, an der er sich festhielt, riss aus der Verankerung. Tobias versuchte noch sich festzuhalten, doch es war vergebens. Auch die Sprosse unter seinen Füßen brach, er rutschte ab und stürzte rückwärts zu Boden. Noch im Fallen merkte er, wie ein stechender Schmerz sein rechtes Bein durchzuckte.

Als Frau Berger, Mrs. Mayers und die Austauschgruppe endlich um die Ecke bogen, bot sich ihnen ein seltsamer Anblick. Da saß Tobias mit schmerzverzerrtem Gesicht am Fuß eines Hochsitzes und hielt sich sein Bein.

«Tobias! Um Himmels willen!», Frau Berger shouted.

«What happened?», Mrs Mayers yelled.

The two teachers came running to the high seat. Mrs Mayers helped Tobias up. He could only stand on one leg.

All the students were there now, too, looking at Tobias with their mouths open.

«What happened?», Mrs Mayers asked again. Then she switched to German. «Was ist passiert?»

«Ich wollte mal auf den Hochsitz», Tobias explained, «und beim Runterklettern ist diese bescheuerte Leiter kaputtgegangen, und da bin ich runtergeflogen.»

«Kannst du auftreten?», Frau Berger asked.

Tobias tried. A piercing pain shot up his leg. It hurt so bad that Tobias almost screamed.

«Tobias, du musst ins Krankenhaus», Frau Berger said. Tobias nodded.

Frau Berger looked around at all the students.

«Am besten machen wir es so: Mrs. Mayers bringt dich zurück zum Parkplatz, und ihr ruft deine Eltern an. Hoffentlich können sie dich abholen. Und wir anderen wandern weiter.»

«Good idea.» Mrs Mayers agreed with her colleague.

Tobias nickte nur matt. Er stützte sich auf Mrs. Mayers und begann mit ihr den Weg zurück zum Parkplatz. Vor lauter Schmerzen bemerkte er weder Britneys entsetztes Gesicht noch Anna und Björn, die Hand in Hand seinen Abmarsch verfolgten.

Kapitel Zweiundzwanzig –

Björn visits Tobias

Tobias was lying on the couch in his parents' living room. The doctor in the hospital had looked at his leg and had given him a pair of crutches. It was nothing terrible, she had said, but Tobias would have to rest for a few days and walk as little as possible.

Tobias' parents were very worried about their son's accident and did what they could to make him feel better. His mother had bought him some magazines. She also had him lie under a warm blanket. Tobias' dad had cooked his favorite meal – spaghetti with a spicy pepperoni sauce – and had served it to him on a tray. Tobias thought that was really nice of them.

Trotzdem war Tobias' Stimmung noch schlechter als zuvor. Die Spaghetti hatte er kaum angerührt. Hunger hatte er schon seit Tagen nicht. Lustlos blätterte er jetzt in einer Zeitschrift herum. Er konnte nicht aufhören, an Britney zu denken. Jetzt konnte er sich noch nicht einmal mehr bewegen, und Britney hatte sicherlich wie immer Spaß mit ihrem neuen Traummann. Das war einfach alles nicht fair. Wenn dieser verdammte Björn nicht wäre … Frustriert ließ er die Zeitschrift fallen und griff nach der Fernbedienung. Vielleicht lief ja irgendwas im Fernsehen, was ihn auf bessere Gedanken bringen würde.

The same moment, the doorbell rang. Tobias heard his father's footsteps. The door opened, and he heard his father say something, then footsteps again.

«Bist du wach, Tobi?», Mr Stein whispered.

«Natürlich bin ich wach», Tobias answered snappily. «Warum sollte ich denn nicht wach sein? Ich hab was am Bein und nicht die Schlafkrankheit!»

Herr Stein gave his son a patient smile. «Hier ist Besuch für dich. Vielleicht hebt das ja deine Laune.»

He disappeared and Tobias looked to the door to see who his visitor would be.

«Hallo, Tobias, wie sieht's aus? Das war ja ein ganz schöner Sturz!» Björn greeted him with a big smile on his face.

Tobias didn't believe his eyes. Why was Björn visiting him? And why was he smiling so stupidly?

«Der Typ hat Nerven», Tobias thought bitterly. Björn did not seem to notice Tobias' anger.

«Wir haben uns ein bisschen Sorgen um dich gemacht und dachten, du kannst vielleicht etwas Aufmunterung gebrauchen», he told Tobias happily. «Und da haben wir dir das hier gekauft.» He took a DVD out of his pocket and a big bag of Tobias's favorite chocolates.

Tobias guckte Björn wütend an. Von *dem* wollte er keine Geschenke. Und schon gar kein Mitleid. Und wieso redete er eigentlich dauernd so selbstverständlich von «wir» – waren Britney und er jetzt etwa offiziell ein Paar? Der Gedanke war so schrecklich, dass Tobias ganz schlecht wurde.

«Du siehst echt fertig aus», Björn continued. «Ich geh am besten gleich wieder. Wollte dir das hier nur schnell bringen. Außerdem wollte ich mich auch noch bei Britney bedanken, ist sie da?»

Now Tobias had enough. «Ach ja? Bedanken willst du

dich?», he shouted at Björn. «Und wofür? Oder ist das ein Geheimnis?» Tobias was surprised that he had shouted so loudly. Björn looked very confused and a little bit scared.

«Na, für ihre Hilfe …», he stuttered.

«Ach, ‹Hilfe› nennt man das jetzt!», Tobias shouted even louder.

«Ja, Hilfe», Björn said slowly. «Ich wusste echt nicht, wie ich es anfangen sollte, und war total nervös, aber Britney kennt sich da ja aus, wegen dir und so, und jetzt, wo wir endlich zusammen sind …»

Tobias wäre am liebsten vom Sofa aufgesprungen und hätte sich auf Björn gestürzt. Nur der brennende Schmerz, der sein rechtes Bein durchzuckte, konnte ihn stoppen. Mit einem wütenden Heulen ließ er sich wieder zurückfallen. Björn hob abwehrend die Hände und trat einige Schritte zurück.

«Mann, Tobi, ich wusste ja nicht, dass dir das was ausmacht», Björn said.

«Du glaubst, es würde mir nichts ausmachen?», he shouted. And then, because he couldn't quite believe it, he shouted again: «*Du glaubst wirklich, es würde mir nichts ausmachen?*»

Björn was very confused now. «Wovon redest du denn?»

«Du weißt genau, wovon ich rede!», Tobias shouted.

«Hast du irgendwelche Medikamente bekommen und nicht vertragen?», Björn asked.

«Hau ab!», Tobias shouted.

«Okay, okay.» Björn was getting angry, too. «Ich geh ja schon.» He opened the living room door. «Ich dachte, du würdest dich vielleicht freuen, dass wir jetzt ein Paar sind. Britney hat sich zumindest für uns gefreut!» Björn walked out of the room and closed the door behind him.

Es dauerte einen Moment, bis Tobias registrierte, was Björn da gesagt hatte. *Wir* sind jetzt ein Paar? Und Britney freut sich *für* das Paar? Hieß das etwa …?

«*Björn!*», he yelled as loud as he could.

After a moment, the door opened again. «Was ist denn noch?», Björn asked.

«Mit wem bist du zusammen?», Tobias asked quietly.

«Na, mit Anna! Mit wem denn sonst?» Björn answered as if Tobias had asked a very silly question.

Tobias stared at Björn. He looked completely shocked. «Du bist mit *Anna* zusammen?», he repeated. Slowly, very slowly he began to understand.

«Sag ich doch!» Björn nodded.

«Und Britney …», Tobias began.

«Britney hat mir geholfen», Björn continued his sentence. «Ich dachte, weil ihr so ein Traumpaar seid, hole ich mir ein paar Tipps von ihr.»

«Britney hat dir geholfen», wiederholte Tobias wie in Trance. Dann schien ihm etwas klar zu werden, und er setzte sich ruckartig auf.

«Ich bin ja so ein Idiot! So ein riesiger Idiot!» Er schwang seine Beine mit so viel Schwung vom Sofa, dass die Decke in der anderen Ecke des Zimmers landete. Den Schmerz in seinem Bein ignorierte er völlig.

«Schnell, wo ist Britney, ich muss Britney finden!», rief er und hievte sich mit Hilfe der Krücken auf die Beine. «Wo ist Britney? Weißt du das?»

«Keine Ahnung», hörte er Björn noch sagen, da war er schon an ihm vorbei aus dem Wohnzimmer gestürzt.

«Wo ist Britney?», rief er durchs ganze Haus.

«Sie wollte zu Madison und Anna», hörte er seine Mutter aus dem oberen Stockwerk zurückrufen.

Without another word, Tobias ran out of the house. On the stairs, he almost fell over his crutches, but it didn't matter to him. He had to get to Anna's house as fast as he could. He *had* to talk to Britney!

Chapter Twenty-three – **Friede, Freude …**

Although he tried to move as fast as he could on his crutches, it took Tobias almost 15 minutes to get to Anna's house. He was out of breath and his right leg felt like someone had set it on fire. He rang the doorbell. After a few seconds, he heard someone come to the door. Then the door opened and he saw Anna's face. She gave him a surprised look.

«Tobi, was machst du denn hier, du bist ja völlig außer Atem, was ist denn los?», Anna said before he could get a word in. «Und wie bist du überhaupt hierhergekommen mit deinen Krücken?»

Tobias ignored her questions. «Ist Britney bei dir?», he said and gasped for air. «Ich muss unbedingt mit Britney sprechen! Sofort!»

Anna knew not to ask any more questions. «Sie ist oben in meinem Zimmer. Komm rein, ich hol sie runter.»

Tobias nodded and limped inside Anna's house. She closed the door and went upstairs to get Britney. Tobias leaned his crutches against the wall and waited. His leg was killing him.

Einen Augenblick später erschien Britney auf der Treppe. Sie sah ihn neugierig an, sagte aber kein Wort.

«Britney», begann Tobias.

«Hi», antwortete sie ziemlich kühl. Dann fügte sie hinzu: «How is your leg?»

«It hurts», sagte Tobias. «But it doesn't matter. I have to talk to you.»

«Oh yeah?», sagte Britney sarkastisch. «You've been silent to me for over a week and now you suddenly have to talk?» Tobias spürte, wie er rot wurde.

«Yes», sagte er leise. «I'm such an idiot.»

«Oh yeah?», wiederholte Britney. Aber diesmal klang es schon ein bisschen weniger sarkastisch und etwas interessierter.

«Yes», sagte Tobias.

«Will you finally tell me what's wrong?», fragte Britney.

«Yes», antwortete Tobias. «There was a … a … misunderstanding.»

«What do you mean?»

«I … I …» Tobias suchte nach Worten. «Do you remember how Björn talked to you on the train to Berlin?»

«Yes, what about it?», fragte Britney.

«And then he talked to you again and again and again … and he called you on the phone, and he was always with you, and I didn't know why, and I … I …» He didn't know how to finish his sentence.

«And what?», fragte Britney.

Tobias holte tief Luft. «I thought Björn was in love with you. And I thought you were in love with him, too. I was really sad. And hurt.»

«You thought Björn and I …?» Britney riss die Augen auf.

«Yes, but I talked to Björn and he said that Anna is his girlfriend now and that you helped him and … I'm such an idiot!» Tobias schämte sich und war gleichzeitig so wütend auf sich selbst, dass er am liebsten geweint hätte. Er starrte vor sich auf den Boden.

«I'm such an idiot», wiederholte er.

Zu seinem Erstaunen hörte er Britney lachen. Er blickte auf.

«Björn only asked me for help», sagte sie.

«I know that now», murmelte Tobias.

«Her called me to talk about Anna», fuhr sie fort. «And he sent me text messages on my phone about Anna.»

«I know», murmelte Tobias.

«And you only saw him near me all the time, because Anna was there, too.»

«I know», murmelte Tobias.

«You really are an idiot, Tobias», fügte Britney hinzu.

Tobias erwiderte nichts und starrte erneut zu Boden.

Britney lachte wieder. «But, you know, maybe it was my fault, too. I should have told you what Björn and I were always whispering about.»

Tobias nickte.

«And», fuhr Britney fort, «I'm so glad we finally talked about it.»

Tobias nickte noch einmal.

«I had a terrible week», sagte Britney.

«Me, too.» Tobias streckte seine Hand nach ihr aus. Als Britney sie nahm, spürte er, wie eine Welle des Glücks seinen Körper durchlief. Sogar sein Bein hörte ein bisschen auf zu schmerzen.

«I missed you», sagte er. «And I'm so, so sorry.»

«I missed you, too», sagte Britney und küsste ihn auf den Mund.

Eine Weile sagten sie gar nichts mehr, sondern hielten sich nur im Arm.

Nach ein paar Minuten hörten sie aus dem oberen Stockwerk leise Stimmen. Britney und Tobias drehten sich um und blickten die Treppe hinauf. Dort standen Madison und Anna und schauten auf sie herunter. Als sie Tobias' und Britneys fröhliche Gesichter sahen, kamen sie sofort die Treppe herunter.

«Habt ihr euch endlich vertragen!», rief Anna übermütig. «Das wurde aber auch Zeit!»

Tobias und Britney lächelten sich glücklich an. Madison fiel Britney um den Hals, so sehr freute sie sich, ihre Freundin wieder lachen zu sehen.

«What happened?», wisperte sie Britney zu.

Anna hatte Madisons Frage gehört. «Das würde mich auch interessieren», grinste sie. «Aber erst mal sollten wir alle etwas essen, oder?»

Tobias merkte, dass er tatsächlich Hunger hatte. Das erste Mal seit Ewigkeiten. «Klar», sagte er. «Was gibt's denn?»

«Tja», sagte Anna, «meine Eltern sind nicht da, und ich kann leider nur ein Gericht richtig gut. Eierkuchen mit Apfelmus und Zimt und Zucker. Ist das okay?» Dann wandte sie sich an die beiden Amerikanerinnen. «Would you like some pancakes?»

«I love pancakes!», sagten Madison und Britney wie aus einem Mund.

«Dann ist ja alles klar. Folgt mir in die Küche zum Versöhnungsessen!», sagte Anna in hochoffiziellem Tonfall.

Madison ging mit Anna voraus. Tobias hakte sich bei Britney ein und hüpfte an ihrem Arm in die Küche. Verstauchter Knöchel hin oder her, so glücklich hatte er sich schon lange nicht mehr gefühlt.

Kapitel Vierundzwanzig – **The soccer match**

The next day, Britney and Tobias arrived early at the soccer field behind the school. Tobias was on crutches and Britney walked slowly next to him. Only four other students were there. Anna and Madison were two of them. Madison was kicking the ball around with two boys, and Tobias wished that he could join them.

«Do you want me to wait here with you until the game starts?», Britney asked and squeezed his hand.

«No», Tobias smiled. «You should warm up and get ready for the match.»

Britney nodded. She gave him a kiss and went over to Madison and the two boys.

Then Björn and James showed up. They were both wearing soccer outfits.

«Hey, Tobi», Björn greeted him as friendly as ever. «Echt schade, dass du nicht mitspielen kannst.»

«Ist schon in Ordnung», Tobias answered, happy that Björn wasn't angry at him.

«Vielleicht brauchen wir dich trotzdem. Du spielst wahrscheinlich noch mit gebrochenem Bein besser als viele andere.»

«Danke», Tobias smiled. «Aber mein Bein ist gar nicht gebrochen, ich habe mir nur den Knöchel verstaucht.»

«Klingt nicht viel besser», Björn said.

Tobias wanted to answer, but Anna was coming over to them. She gave Björn a big hug and he hugged her back. Then they whispered something to each other and laughed. Then Björn gave Anna a little kiss. They didn't seem to see anyone else, they only looked at each other. Tobias didn't mind one bit. He was very, very happy to see Björn and Anna together.

Dann erschienen seine besten Kumpel, Jonas, Matthias und

Philipp, in vollem Fußball-Outfit auf dem Platz. Durch den ganzen Stress in den letzten Wochen hatte Tobias vollkommen vergessen, dass die drei beim Fußballspiel mitmachen wollten. Jetzt waren sie enttäuscht, dass Tobias sie nicht auf dem Feld unterstützen konnte.

«Macht ja nichts, dafür spielt ja Britney», sagte Tobias und grinste.

Jonas, Matthias und Philipp rollten mit den Augen.

After about fifteen minutes, all soccer players had arrived. There were a lot of spectators, too. Mrs Mayers and Frau Berger made some announcements.

«Hello, everyone! I hope you're ready for a good game of soccer!», Mrs Mayers yelled.

Everybody clapped and cheered.

«We decided to do things differently than last time: We're going to have one game only. The game will last 60 minutes with a break after 30 minutes. Like last time, both teams will have American and German players.»

Frau Berger ergriff das Wort. «Es gibt noch zwei weitere Veränderungen. Falls es diesmal unentschieden ausgeht, gibt es keine Verlängerung. Stattdessen machen wir gleich Elfmeterschießen, das ist interessanter für die Zuschauer.»

Einige der Umstehenden klatschten.

Dann fuhr Frau Berger fort: «Außerdem dürfen dieses Mal auch Schüler mitspielen, die nicht am Austauschprogramm teilnehmen.»

Then Mrs Mayers talked again. «These are the two teams.

Team 1: Peyton, Björn, Christoph, Emily, Tom, Janie. Team 2: Jonas, Philipp, Matthias, James, Madison und Britney!»

«*Was*?! Oh nein!», Jonas sighed. «Wir müssen mit den Mädchen spielen …»

«That's not very nice», sagte Mrs Mayers, die seinen Kommentar gehört hatte. «Britney and Madison are very good soccer players.»

«Oh. Yes. I'm sorry», sagte Jonas schnell zu Mrs Mayers. «Ist doch wahr!», flüsterte er dann zu Matthias und Philipp. Die beiden nickten.

Das Spiel begann. Jonas, der sich kurzerhand zum Mannschaftskapitän erklärt hatte, entschied, dass Britney und Madison in der Abwehr spielen sollten. Er selbst, Matthias und Philipp spielten im Angriff, James ging ins Tor.

«I don't think those boys like us», Britney whispered to Madison.

«You're right», Madison replied. «They probably think we can't play soccer at all.»

«Let's show them how wrong they are», Madison said.

«I guess you're right … oh!» Britney saw the ball and two players come directly at her. She ran towards the ball full speed. Christoph, from Team 1, had stolen the ball from Matthias, who couldn't keep up with him. Britney was running, but kept her eyes on Christoph. She concentrated. Christoph slowed down and tried to change directions, but he was too slow. Britney was fast enough to take the ball from him. She kicked the ball high and long, over Matthias' head, straight to Philipp. Philipp kicked the ball back to Jonas, who shot at Team 1's goal … and missed by only a few centimeters.

«Good kick, Britney», Madison shouted. «But let's watch our defense, too!»

«Let's just make sure the ball never gets past us, never!» Britney watched the action near Team 1's goal as she spoke. «Oh! Here we go again!»

The ball came flying towards Madison's side this time. No one was near it, so she took it easily and passed it to Britney, who took it upfield and passed it back to Jonas, who aimed at the goal, kicked the ball and … missed again.

«These boys need to learn a lot», said Britney, a little grumpily.

Die gesamte erste Spielhälfte verlief nach dem gleichen Muster. Jonas, Matthias und Philipp versuchten einen Angriff nach dem nächsten, aber verpassten das Tor jedes Mal, manchmal ganz knapp, andere Male flog der Ball weit über das Tor hinaus ins Publikum. Auch Team 1 griff wieder und wieder an, doch Britneys und Madisons Abwehr funktionierte perfekt: Sie ließen den Ball kein einziges Mal auch nur in die Nähe des Tores. James schien dafür ziemlich dankbar, aber Jonas, Matthias und Philipp ignorierten die beiden immer noch, so gut es ging.

At halftime, the score was still 0:0. Tobias was waiting with bottles of water for Britney and Madison. They were both a little tired, but Matthias, Jonas and Philipp looked totally exhausted.

«Immer noch null zu null, was ist denn los mit euch?», Tobias said to his friends.

«Diese Verteidigung ist unglaublich», Philipp answered.

«Ja, eigentlich müssten wir schon mindestens drei Tore haben», fügte Jonas hinzu.

Britney understood very clearly they were not talking about their own defense, but the *other* team's defense. She felt really angry. Tobias's friends were simply ignoring Madison's and her great work!

«Ja, vielleicht», Tobias answered his friends. «Aber ihr könnt auch froh sein, diese zwei hier als Verteidigerinnen zu haben.»

«Mh, jaja», Philipp said quickly.

«Klar, Tobi», Matthias nodded.

Jonas looked at the two girls and grinned. «Hey, wisst ihr was? Vielleicht sollten wir mal die Plätze tauschen. Eine von euch spielt Angriff, und ich gehe in die Abwehr. Bin sowieso etwas müde.»

Britney and Madison looked at each other. They had understood exactly what Jonas had said. This guy was so arrogant! He had not been able to shoot one goal, and now he was acting like *their* job had been easy.

«Okay. Let's trade. Wir tauschen», Madison said coolly.

«Alles klar», Jonas said, still grinning. «Viel Glück dann, Madison», he added sarcastically.

«Believe me, she won't need any luck», Britney said and smiled at her friend.

Back on the field for the second half, Britney didn't talk to Jonas as much as she had to Madison, but she had to admit that Jonas was an excellent defense player. Whenever Britney got the ball, she passed it to Madison. When Jonas got the ball, he passed it to someone other than Madison.

After about fifteen minutes into the second half, something interesting happened. Britney got stuck. She could not pass the ball to Madison. She kicked it over to Philipp instead. Philipp ran with the ball up to Team 1's side of the field, but he was already tired and moved slower than he had in the first half. A German boy from team 1 flanked him: He ran up to Philipp's side and kicked the ball away from him. Everybody thought the ball would fly off the field. But Madison was standing in the perfect spot: She jumped high, very high, and head-butted the ball into the penalty area. Now Matthias was there, too. He kicked the ball and before the goalkeeper could react, the ball blasted into the net.

«*Tor!*», Tobias shouted. Everyone else stood up to cheer.

«Gut gemacht, Matthias, wie ein echter Profi!», someone yelled.

«Great, Madison! Great assist!», Anna shouted in English.

«Was ist ein Assist?», fragte Tobias.

«Eine Vorlage natürlich», Anna answered and held up her pocket dictionary.

Auch auf dem Spielfeld jubelte Team 2. Matthias umarmte Jonas und Philipp, aber Madison und Britney schenkte er nur ein leichtes Kopfnicken. Die beiden Mädchen guckten sich verärgert an. Jonas hatte ihre Blicke bemerkt.

«Wenn du willst, kannst du jetzt mit Madison in den Angriff», schlug er Britney vor. «Jetzt, wo wir in Führung liegen, kann ja nicht mehr viel passieren», fügte er ziemlich großspurig hinzu.

The two girls ignored his arrogant comment.

«Okay», Britney said.

The game continued. Jonas and Philipp still tried to kick the ball to Matthias and not to the girls. It was only one minute before the end of the second half. Jonas had the ball.

«I'm open!», Britney yelled.

Jonas saw that he could pass the ball to Britney, but he wanted to pass it to Matthias. This was a mistake, because he had to pause for a second to look for his friend. Then it happened: Peyton from Team 1 came up from behind and stole the ball before Jonas realized she was there. Peyton passed to Björn, and Björn gave the ball a perfect and precise kick that left Team 2's defense no chance. Björn's ball crashed into their goal. The same moment, the game was over.

«1 : 1, Gleichstand!», rief Frau Berger.

«Oh nein», seufzte Tobias.

Viele der Zuschauer, die eben noch gejubelt hatten, buhten Jonas wegen seines Fehlers aus. Nur Anna freute sich genauso wie beim ersten Tor.

«Björn! Björn! Björn!», rief sie mit den Fans von Team 1. «Ist doch klar, dass ich für beide Mannschaften bin», sagte sie entschuldigend zu Tobias.

On the field, Britney ran to Madison. She was very angry.

«What *was* that?! I was totally open, and Jonas waited to pass to his friend and not to me?!»

«I can't believe it!», Madison agreed. «Now the score is 1 : 1, it's a tie!»

«What's going to happen?», Britney asked.

«I think Frau Berger said we would go straight to ‹Elfmeterschießen›. That's German for penalty kicks.»

«Fine with me», Britney said calmly.

Chapter Twenty-five – ***Elfmeter!***

Bevor das Elfmeterschießen beginnen konnte, erklärte Frau Berger noch einmal für alle die Regeln.

«Wir machen es ein bisschen einfacher als in der Bundesliga: Ihr braucht heute nicht zwei Tore Vorsprung. Alle Spielerinnen und Spieler jeder Mannschaft kommen an die Reihe, und wer nach fünf Durchgängen mehr Tore hat, gewinnt.»

Mrs Meyer translated: «Each team takes five penalty shots. We'll switch off, and the team that has more points after five rounds wins.»

Frau Berger holte eine Euro-Münze aus ihrer Tasche. «Kopf oder Zahl?», fragte sie.

«Heads or tails?», Mrs Mayers translated.

«Kopf», rief jemand aus Mannschaft 1.

«Dann nehmen wir eben Zahl», sagte Jonas.

Frau Berger warf das Euro-Stück in die Luft und fing es wieder auf. «Kopf. Mannschaft 1 fängt an.»

Team 2's goalkeeper, James, went into the goal. Björn was the first player to kick for Team 1. He looked a little nervous. Björn ran, kicked and – goal! Half of the audience cheered. Anna jumped up and down.

Then it was Jonas' turn for team 2. He smiled at the audience and did not seem worried. He put the ball down in front of him, took some steps back to the left, ran and kicked the ball to the left. The goalie jumped to the right, but it didn't matter: The ball missed the goal completely.

«1:0» für Team 1», Frau Berger announced.

Jonas looked really angry now. «Verdammt!», he muttered.

The next four shots went in easily. No one tried any tricks, and the goalkeepers jumped in the wrong directions. Both players for team 1 scored, and so did Madison and Philipp for team 2.

«3:2, Team 1 is still in the lead», Mrs Mayers shouted.

Now there were two players left on Team 1 and Matthias and Britney on Team 2.

It was team 1's turn next. Peyton shot. James jumped in the right direction and tipped the ball away from the goal just by his fingertips. Blocked!

Team 2 and the audience cheered.

«Immer noch 3:2», Frau Berger announced.

Now it was Matthias' turn for team 2. He put the ball down, walked back a few meters, ran and kicked the ball as hard as he could. It hit the upper right-hand corner of the net, and the goalkeeper didn't even get close. Goal for team 2!

«3:3!», Mrs Mayers shouted.

Now there were only two players left.

The last player for team 1 looked very nervous. He shot, and the ball went high. The goalie did not know where to jump, but it didn't matter. The ball went higher and higher and … flew over the goal and into the audience. No goal for Team 1!

«Immer noch Gleichstand – 3:3!», rief Frau Berger.

So everything was in Britney's hands. When she walked into the field she already had a plan: She was going to trick the goalkeeper. He was standing in the center of the goal, looking at every move she was making. Britney carefully put the down the ball in front of her on the penalty point. The eyes of the goalkeeper were still following her. When she looked up again, Britney hesitated for a few seconds and looked at the *left* corner of the goal. Then she started very quickly: She stepped back and ran toward the ball as fast as she could. She kicked the ball straight ahead, straight into the center of the goal. And – Britney's trick worked! The goalkeeper jumped to the left! The ball flew into the net right where the goalie had been standing.

Das war das entscheidende Tor. Britney hatte das Spiel für Team 2 gewonnen! Alle Zuschauer waren aufgesprungen und klatschten. Viele lachten, weil Britney den Torwart so geschickt überlistet hatte.

«4:3 for team 2! Team 2 wins!», Mrs Mayers shouted.

On the field, Madison, Jonas, Philipp and Matthias all came running towards Britney.

«Wir haben gewonnen!», rief Matthias.

«Yes!!! We won!», Madison and James shouted and hugged Britney.

Britney hugged her friends back. She felt great. But – what would the German boys say?

«Supertor», Philipp said and held up his hand. Britney gave him a high five.

«Echt gut», Matthias added and high-fived her, too.

«Thanks», she said simply.

Then Jonas shook her hand. «Dein Tor hat uns echt gerettet», he said and looked at her for the first time.

Britney smiled at him and nodded. «No problem», she said.

Jetzt kamen auch Tobias und Anna aufs Spielfeld gelaufen. Tobias ließ seine Krücken fallen und umarmte Britney.

«That was fantastic», flüsterte er ihr ins Ohr. Britney strahlte ihn an.

«Hab ich euch zu viel versprochen?», fragte er dann lächelnd seine Freunde. Die drei grinsten zurück.

Dann tippte Anna Tobias auf die Schulter. Er sah, dass sie eine Digitalkamera aus ihrer Tasche gezogen hatte.

«Wie wär's mit einem Foto von dir und der Torschützin?», fragte sie lächelnd.

Tobias zog Britney wieder an sich. «Can I be in a photo with the best player of the day?», fragte er sie grinsend.

«Absolutely», antwortete Britney, legte ihren Arm um ihn und schenkte ihm ihr strahlendstes Lächeln. Genau in diesem Augenblick drückte Anna auf den Auslöser.

Kapitel Sechsundzwanzig –
The teddy bear

Nach den vielen aufregenden Ereignissen hatten Britney und Tobias beschlossen, die letzten Tage des Austausches ganz ruhig anzugehen. Natürlich mussten sie vormittags in die Schule, doch an den Nachmittagen machten sie es sich bequem: Sie schleppten zwei Luftmatratzen in den Garten, einen Stapel Bücher und Zeitschriften, Schokolade und Gummibärchen und ein paar Flaschen Apfelschorle und bewegten sich dann nicht mehr vom Fleck.

Nachdem ein paar Nachmittage auf diese Art vergangen waren, hatte Britney Lust auf etwas Abwechslung.

«I only have two more days in Germany», sagte sie zu Tobias. «I think I want to go downtown today and buy some presents for my family.»

«Good idea», stimmte Tobias zu. «Let's go right now!»

In der Stadt schlenderten Britney und Tobias von einem Geschäft zum nächsten. Weil er seinen verletzten Knöchel ein paar Tage geschont hatte, brauchte Tobias seine Krücken nicht mehr. Er humpelte nur noch ein ganz bisschen.

Britney guckte in alle Schaufenster, konnte sich aber für nichts entscheiden. In einem Buchladen wurde sie schließlich fündig.

«Look at this, Tobias», sagte sie begeistert. «It's a book on Göttingen – in English! I think that would be a great present for my parents!»

«I think you're right», nickte Tobias.

«Do you think I should buy a book for my sister, too?», fragte Britney.

«I don't know», antwortete Tobias. «Do you think Brianne would like a German children's book?»

«No, probably not.» Britney dachte nach. «But what should I bring her?»

Tobias überlegte.

«How about a toy? There is a really big toy store five minutes from here», schlug er vor.

Britney gefiel der Vorschlag. «Great idea, Tobias. I'll get my sister a German toy.»

Auf dem Weg zum Spielzeuggeschäft entdeckte Britney eine Eisdiele, in der sie noch nicht gewesen waren.

«I absolutely can't walk past these ice cream places without buying some ice cream», verkündete sie. «Let's go in and get same!»

Dagegen hatte Tobias nichts einzuwenden. Er kaufte sich zwei Kugeln Stracciatella-Eis. Britney konnte sich wie immer nicht zwischen den vielen verschiedenen Sorten entscheiden. Schließlich nahm sie vier Kugeln: Joghurt, Himbeer, Schokolade und Pistazie.

«This ice cream is sooooo good! I'm going to miss it so much when I go home», lächelte Britney, als sie Eis essend ihren Weg zum Spielzeugladen fortsetzten.

At the toy store, Britney and Tobias looked around for a present for Britney's little sister.

«Look», sagte Britney und deutete auf ein Regal voller Puppen. «Those dolls are really nice.»

Tobias nickte.

«And look at those board games! And those puzzles over there!», fuhr Britney fort. Dann überlegte sie.

«Brianne already has a lot of dolls. I think she might like a puzzle.»

«Okay, that sounds like a good idea», sagte Tobias.

Britney hatte jedoch schon wieder etwas anderes entdeckt.

«Ooooooh, look, Tobias!», rief sie begeistert. «Those teddy bears are so cute! Look how cute they are!»

Tobias trat einen Schritt an das Regal heran, auf das Britney zeigte. Darauf saßen eine Menge Teddybären, die alle Fußballtrikots trugen und einen Fußball in der Hand hielten. Britney hatte einen Bären in die Hand genommen.

«Ooooooh, they're called ‹Fußballbärchen› … that is so sweet. I love them!»

Tobias lächelte. «You can't find those in America, can you?»

«No, I don't think so.» Britney schüttelte den Kopf. Dann setzte sie den Bären wieder aufs Regal.

«It's too bad Brianne doesn't like soccer», sagte sie. «I would love to buy this teddy bear for her, but she really isn't interested in soccer.» Britney stand da und überlegte.

Tobias schien es plötzlich eilig zu haben.

«You should buy her a puzzle then», schlug er vor und zog Britney zurück zu der Abteilung mit den Brettspielen.

«Okay», sagte Britney bereitwillig. Sie suchte ein Puzzle aus, bezahlte und verließ mit Tobias das Geschäft.

Vor der Ladentür blieb Tobias plötzlich wie angewurzelt stehen. Er griff in seine Hosentasche und machte ein besorgtes Gesicht.

«Mein Portemonnaie!», sagte er und klang ziemlich erschrocken. «I mean, my wallet! I think I lost my wallet in the toy store!»

«Oh no!», sagte Britney. Bevor sie noch ein anderes Wort herausbringen konnte, hatte Tobias sich schon umgedreht.

«Wait here!», sagte er. «I will go in and find it.» Er verschwand durch die Ladentür, und Britney stand allein am Straßenrand.

Nach nur einer Minute war Tobias wieder da.

«Falscher Alarm», sagte er und wedelte grinsend mit seinem Portemonnaie in der Luft herum. «It was in my backpack!»

«Oh, good», sagte Britney erleichtert. «Let's go home then!»

Bei den Steins angekommen, breiteten sich Britney und Tobias wieder im Garten aus. Britney holte das Buch aus ihrem Rucksack, das sie für ihre Eltern gekauft hatte, und blätterte darin herum.

«This is such a nice book, it has so many great pictures of the city!», sagte sie begeistert. «My parents will really like it, I think.»

«I think so, too», nickte Tobias.

«And do you think Brianne will like the puzzle?», fragte Britney.

«I think she will love it!», sagte Tobias bestimmt.

«Mmmmh», sagte Britney dann etwas nachdenklich.

«What's wrong?», fragte Tobias.

«I have presents for my parents and for my sister. But I totally forgot to buy a souvenir for myself!» Sie guckte ein bisschen traurig.

Tobias grinste. «I think I can help you with that.»

Er zog eine Tüte hervor und hielt sie Britney hin.

«This is for you», sagte er.

Erstaunt griff Britney in die Tüte.

«Ooooooh!», rief sie begeistert. «You bought me a soccer teddy! Ein Fußballbärchen! Thank you soooooo much!!» Britney strahlte.

«But how …?», sagte sie dann und schaute Tobias fragend an.

Tobias grinste wieder.

«I didn't think I had lost my wallet», erklärte er, «I went back inside the store to buy the teddy bear for you.»

«Oh, you tricked me!» Britney lachte. «I had no idea!»

«I wanted to surprise you», erklärte Tobias.

«This is a *great* surprise!», sagte Britney. «And it's a perfect souvenir from Germany!»

Sie gab Tobias einen Kuss.

«Danke schön!», sagte sie noch einmal auf Deutsch.

«Gern geschehen», sagte Tobias und küsste sie zurück.

Chapter Twenty-seven –
Punch und Pizza

Für den nächsten Tag, den letzten Tag des Austausches, hatten Britney und Tobias eine kleine Abschiedsparty für ihre Freunde geplant. Weil Herr und Frau Stein den ganzen Abend unterwegs sein würden, hatte Tobias Anna und Madison, Björn und James zu sich nach Hause eingeladen. Es sollte Pizza geben. Tobias war für den Teig, Tomaten und Käse zuständig, und alle Gäste hatten zugesagt, ihren Lieblings-Pizzabelag mitzubringen. Britney hatte beschlossen, für alle einen Fruit-Punch zu machen.

It was an hour before their guests would come, and Tobias and Britney were on their way to the store.

«What do we need?», Britney asked as they were coming up on the supermarket.

«I made a list», he answered and pulled a piece of paper out of his pocket. «Mehl, Hefe, Dosentomaten, Käse.»

Britney thought for a moment. «Okay, let's see. Mehl is flour in English, right?»

Tobias nodded.

«And Käse is cheese, that's easy», she continued.

Tobias nodded again.

«But what is Doze … what did you call it?», Britney asked.

«Dosentomaten», he repeated.

Britney still didn't understand.

«Not fresh tomatoes, but tomatoes in a can», Tobias explained.

«Oh, right, canned tomatoes.» She nodded. «Those are good on pizza. What was the fourth thing on your list?», she asked then.

Tobias looked at his paper again. «Hefe.»

«I never heard that word in my life. Is that a vegetable you put on the pizza?», Britney tried to guess. Tobias shook his head.

«Oh, I know», Britney said. «Do you need it for the dough?»

«What's dough?», Tobias asked back and smiled. «I never heard that word in my life!»

Britney laughed. «Dough is when you mix water and flour to make the pizza or to make bread.»

«Oh, I understand.» Tobias nodded. «And you're right, I need the Hefe for the dough. It makes the dough get really big.»

«Oh, okay. I think that stuff is called yeast. But I don't exactly know what it is», Britney said.

«Me neither», Tobias agreed. «But I've made a pizza dough before and it worked!»

Britney smiled.

«What do YOU want to buy?», Tobias asked her.

«I'll try to say it in German!», Britney said excitedly. «I mean … ich sage das auf Deutsch!»

«Okay», Tobias smiled.

«Ich brauche … Orangen, Orangensaft, Zitronensaft, cranberry … what is cranberry auf Deutsch, Tobias?»

Darüber hatte Tobias tatsächlich schon mal nachgedacht.

Als er in den USA war, gab es überall Cranberry Juice. Eigentlich genauso oft, wie es in Deutschland Apfelsaft zu trinken gab. Der Saft der kleinen roten Beeren hatte ihm gut geschmeckt, aber in Deutschland hatte er diese Früchte noch nie gesehen.

«I don't know», sagte er deshalb. «I think cranberries are an American fruit. I have never seen cranberry juice in Germany.»

Britney sah enttäuscht aus. «That's too bad», sagte sie. «I really need cranberry juice for my fruit punch!»

Tobias überlegte. «Maybe we can find some other berry juice.»

Damit schien Britney einverstanden. Sie nickte. «Ich brauche auch … Eis! Aber nicht ice cream, normales Eis.»

«Eiswürfel?», fragte Tobias.

Britney nickte. «Ja, ich muss Eiswürfel kaufen.»

Tobias lachte.

«You can't buy ice», erklärte er. «Can you buy ice in American supermarkets?»

«Of course!» Britney war überrascht. «You can buy small bags and really, really big bags of ice cubes in America. You know, for parties. Are you sure we can't buy ice here?»

«No, we can't.» Tobias schüttelte den Kopf. «But we have some ice cubes at home, in our freezer. You can use those.»

«Great, that works», sagte Britney und strahlte.

Back at the Stein's house, the two had a lot of fun working in the kitchen together. Tobias prepared the pizza dough and Britney made her fruit punch. They had just finished getting everything ready when the doorbell rang. Britney opened the door and Anna, Madison, James and Björn came into the kitchen.

«Hey, Tobi, wie sieht's aus?», Björn said.

«Gut, gut», Tobias answered. «Habt ihr an den Pizzabelag gedacht?»

Anna had already started taking things out of her bag.

«Das hier sind meine Zutaten», she said. «Paprika und Champignons. Ich bin ja Vegetarierin.»

Everybody nodded. Then Madison took more things out of Anna's bag.

«This is what I bought: ham and salami», she smiled. «I'm *not* a vegetarian, as you can see.»

Everybody laughed about Madison's comment.

«Und was habt ihr mitgebracht?», Tobias asked Björn and James.

«Ist alles bei James im Rucksack», Björn answered.

James opened his backpack.

«Björn is crazy!», he said and looked at Britney and Madison. «Look at the stuff he bought for the pizza!» He held up a can of tuna and a can of corn.

«Do you really want to put tuna on pizza?», Britney asked, looking at the cans. «And corn?»

«Iiiiiiuh», Madison said and shook her head. «No way! I don't think I could eat that on pizza.»

Björn grinned.

«*Ich* finde Thunfisch-Pizza gut!», he said to the Americans, «I mean, I think tuna is great on pizza. And tuna with corn is the best!»

«Me, too», Tobias said.

«I don't know …», Madison still looked doubtful.

«That must be one of those German ideas again», James added, «like French fries with mayonnaise.»

«Or sweet popcorn», Britney said.

They laughed again.

«Was haben wir denn sonst noch für Belag?», Tobias asked again.

«I bought salami, too», James said. «And onions.»

«That sounds good», Britney said. «Let's start!»

Tobias hatte zwei große Backbleche mit Pizzateig und Tomatensoße vorbereitet. Jeder der sechs belegte einen Teil des Bodens mit seinen Lieblingszutaten. Dann bestreute Britney die Pizzen mit geriebenem Käse und Gewürzen, und Tobias schob die Bleche in den Ofen. Nach zwanzig Minuten holte er sie wieder heraus. Der Käse war jetzt geschmolzen, der Rand knusprig gebacken, und es roch so gut wie in einem italienischen Restaurant.

Jeder nahm sich einen Teller, und Tobias verteilte die Stücke an seine Freunde.

«Hier ist ein Stück für Anna, ohne Fleisch», Tobias said and put a piece on Anna's plate.

«Ich weiß nicht, ob das hier James' oder Madisons Teil war», he said then and looked at the next piece he had cut. «Ich sehe eigentlich nur Salami.»

Madison looked at the pizza. «That's James' piece.» She said. Then she added, «Wait, I'll say it in German: Das ist James' Pizza.» She paused to think of more German words. «Meine Pizza hat *keine Onionen.*»

Tobias musste lachen, und auch Anna und Björn konnten sich ein Grinsen kaum verkneifen. Madison, Britney und James guckten verständnislos.

«Onionen», Anna smiled. «That sounds like it could be the German word for onions.»

«It's not?», Madison asked. She was smiling, too. «I thought ‹Onionen› sounded great!»

«It sounds great», Anna said, «but the real German word for onion is ‹Zwiebel›.»

«Ssveeeble?», Madison tried. Anna nodded.

«Okay», Madison said. «I'll try again: Meine Pizza hat nur Salami und Schinken.»

«Und meine Pizza ist mit Salami und ZWIEBELN», James said.

«Very good!» Anna smiled.

Als alle sich an den großen Tisch im Wohnzimmer gesetzt und die ersten Bissen von ihrer Pizza probiert hatten, fiel Britney ein, dass sie ganz vergessen hatte, ihren Fruit-Punch anzubieten. Schnell lief sie zurück in die Küche und holte die große Glaskanne aus dem Kühlschrank. Dann nahm sie die Eiswürfel aus dem Eisfach, schüttelte so viele in die Kanne, dass sie fast überlief, und balancierte das Ganze vorsichtig zum Esstisch.

«Who wants fruit punch?», she asked.

«Was ist das denn?», Björn asked, interested.

«So was Ähnliches wie Bowle, würde ich sagen», Tobias explained.

Everybody wanted to try Britney's fruit punch. Tobias got six glasses from the kitchen and Britney filled them up.

«This is great fruit punch, Britney», James said.

«Yeah, you did a cool job», Madison nodded.

«Und die Pizza ist auch lecker», Anna said.

«Mmmmh, stimmt», Björn added with his mouth full.

«It's too bad that this has to be our goodbye dinner», Madison said.

Suddenly everybody stopped eating. They all looked unhappy.

After a moment of silence, Britney spoke. «I can't believe we have to go home tomorrow.» She looked sadly at Tobias.

«Yeah, I wish we could stay longer», James said, «Germany is so much fun!»

The two other Americans nodded.

«Time went by so fast», Anna said. «You've been here for three weeks, but it seems like only a few days.»

Everybody still looked sad.

Then Björn started talking. «We shouldn't be sad now», he said. «We should enjoy our goodbye dinner!»

«Björn is right», Anna nodded. «Come on, who wants some more punch and pizza?»

«I do!»

«Me!»

«Ich!»

They all answered at the same time. And everybody laughed again.

Kapitel Achtundzwanzig – **The contract**

Als Anna, Madison, Björn und James sich spät am Abend verabschiedet hatten, musste Tobias wieder an den bevorstehenden Abschied denken. Er konnte es nicht fassen, dass der Austausch wirklich vorbei war: Morgen musste Britney mit den anderen die Heimreise antreten. Britney, die neben Tobias auf dem Sofa saß, schien seine Gedanken erraten zu haben.

«I can't believe that I have to go home tomorrow!», sagte sie und sah dabei ganz traurig aus.

«I really don't want you to leave», antwortete er leise und legte seinen Arm um sie.

«I wish I could stay here with you», fuhr Britney fort und schniefte. Tobias sah, dass sie sich Mühe gab, nicht zu weinen. Auch ihm war es schwer ums Herz bei dem Gedanken, dass Britney und ihn ab morgen wieder Tausende von Kilometern trennen würden.

«I wish you could stay, too», sagte er deshalb und hielt

Britney noch ein bisschen fester. Dann saßen sie eine Weile schweigend da.

«At least I can show off all the German I learned», sagte Britney, als wollte sie sich selbst gut zureden.

Tobias lächelte. «What have you learned?», fragte er.

Britney überlegte einen Moment. Dann sagte sie mit großer Ernsthaftigkeit: «Das Popcorn ist süß. Ein Eis, bitte. Das Schwimmbad ist lustig.»

Dann überlegte sie wieder und fuhr fort: «Mein Freund heißt Tobias. Und Björns Freundin heißt Anna.» Sie stupste ihn in die Seite und lachte. Offensichtlich fand sie das große Missverständnis in der letzten Woche jetzt eher witzig. Tobias lächelte etwas gequält. Ihm war das Ganze immer noch ziemlich peinlich. Und er ärgerte sich, dass sie so viel Zeit verschwendet hatten.

«Ich werde dich vermissen», sagte er deshalb nur.

«I will miss you, too, Tobias», antwortete Britney. «Ich werde dich auch vermissen.»

Dann sagten sie wieder eine Weile nichts und blickten traurig vor sich hin.

«Can you come and visit me soon?», fragte Britney dann.

«I want to visit you», antwortete Tobias. «But I don't have any money.»

«Do you think your parents can help you pay for the flight?», fragte Britney.

«I don't know», sagte Tobias. «Maybe.»

«Maybe I can help you pay for a plane ticket. Maybe you can come for Christmas!», sagte Britney.

«That would be great», rief Tobias begeistert. «But … do you have any money?»

«No, not much», antwortete Britney deprimiert.

Tobias zuckte mit den Schultern. Wenn Britney auch kein Geld hatte, konnte es schwierig werden mit dem Besuch, ob nun Weihnachten oder irgendwann später. Britney hatte allerdings schon wieder eine Idee.

«Maybe we can both find jobs!», schlug sie vor. «We can work on the weekends or in the afternoon.»

Die Idee war gar nicht schlecht. Vielleicht ließ sich da tatsächlich etwas machen. «Great idea!», sagte Tobias deshalb.

Britney war jetzt voll in Fahrt. «I can help some kids with their homework, and I could find work at the mall or at the coffee shop by my school!», zählte sie auf.

«I think I could find a job, too», pflichtete Tobias ihr bei.

Britney nickte begeistert.

«We can both work, and then we save all the money we make», sagte sie.

Tobias spann ihren Gedanken weiter: «And we can ask for money for Christmas instead of presents. And my Grandma sometimes gives me money. I can save that, too.»

«I'm sure we can save enough to buy a plane ticket for you», fasste Britney zusammen.

Tobias hoffte, dass sie recht behalten würde. So gern würde er Britney Weihnachten wiedersehen oder, wenn es ginge, am liebsten noch viel eher.

«I *hope* it will work», sagte er vorsichtig. «I really want to come to Appleton again and visit you.»

«I promise you that I will do all I can to make it happen», sagte Britney und reichte ihm die Hand, um das Versprechen zu besiegeln.

«I promise, too», sagte er und schüttelte Britneys Hand. Das brachte sie gleich auf die nächste Idee.

«I know what will help us: We should make a contract!», sagte sie und sprang vom Sofa auf.

«What's that?», fragte Tobias. Das Wort hatte er noch nie gehört. Doch Britney war schon in Tobias' Zimmer gelaufen. Tobias folgte ihr verwundert.

Britney angelte ein Wörterbuch vom Regal und blätterte, bis sie das richtige Wort gefunden hatte.

«Contract», she read, «der Vertrag.»

«Oh, okay», sagte Tobias. Er stand auch auf, ging zu seinem Schreibtisch und schaltete den Computer ein.

«We can write it in German and English», sagte Britney und hockte sich neben Tobias' Stuhl vor den Computer. «And we can always read it when we feel sad.»

Es dauerte eine ganze Weile, und sie mussten viele Wörter in Tobias' Wörterbuch nachschlagen, bis sie beiden mit dem Ergebnis zufrieden waren.

«This is a great contract», sagte Britney und überflog den Text auf dem Monitor. «Can you print two copies?»

Tobias nickte. Nachdem der Drucker leise surrend zwei Exemplare ausgedruckt hatte, unterschrieben sie ihr Werk feierlich. Britney malte noch ein kleines Herz zwischen ihre Namen.

CONTRACT	**VERTRAG**
We, Britney and Tobias, will try to find jobs and make as much money as we can. And we will SAVE all the money that we make.	Wir, Britney und Tobias, werden versuchen, Nebenjobs zu finden und so viel Geld wie möglich zu verdienen und zu SPAREN.
If we get money from grandma and grandpa, we will save it, too.	Falls wir von Oma und Opa Geld geschenkt bekommen, sparen wir das auch.
We will ask for money for Christmas instead of presents.	Zu Weihnachten wünschen wir uns Geld anstelle von Geschenken.
Maybe we should play the lottery.	Vielleicht sollten wir auch Lotto spielen.
We will e-mail each other every day.	Wir werden uns jeden Tag e-mailen.
We will call each other on the phone as much as we can.	Wir werden uns anrufen, so oft es geht.
We promise that we will do all we can so we can see each other again soon. As soon as possible.	Wir versprechen, dass wir alles tun werden, um uns bald wiederzusehen; und zwar so schnell wie möglich.
Britney	Tobias

Britney nahm ihren Ausdruck und ging zur Tür. «When I get home, I will put it on the wall in my room. So I can always see it.»

Mit diesen Worten zog sie Tobias' Zimmertür hinter sich zu und war verschwunden. Tobias lächelte ihr nach. Dann nahm er seine Kopie des Vertrags und heftete sie mit einer Reißzwecke an die Pinnwand über seinem Schreibtisch.

Chapter Twenty-nine – ***Tschüs, Britney***

The next day, the exchange was finally over. To Britney, it seemed like only yesterday that she had gotten off the bus in front of the school in Göttingen. In reality, she had arrived three weeks ago. She was now standing outside the school again, in front of the bus that would bring her back to the airport. All the American students and their German partners were there, too. There were suitcases, bags and backpacks everywhere.

«I'll call you when I get home», Britney said to Tobias.

He nodded sadly.

«And I will e-mail you every day», she continued.

«I will e-mail you, too», Tobias replied.

Then they just stood there quietly.

«Alle einsteigen, es geht gleich los!», Frau Berger shouted. «Okay, all Americans, let's get on the bus! It's time to go!»

Britney could feel that there were tears running down her face. «I will miss you so much», she said and kissed Tobias.

«I will miss you, too», Tobias said and held her as tight as he could.

Then Britney slowly walked to the bus. She was the last one to get on. In the door, she turned around and looked at Tobias one last time. She looked very sad, but she tried to smile. Tobias tried to smile back. Then she turned around and quickly stepped into the bus. The door closed behind her. Only a moment later, the driver started the engine and the bus slowly left the parking lot.

Tobias stand da und starrte dem Bus regungslos hinterher. Auch als dieser längst um die Straßenecke verschwunden war, rührte er sich nicht vom Fleck. Die Traube von Menschen, die die Amerikaner verabschiedet hatte, begann sich aufzulösen, und bald stand Tobias allein am Straßenrand. Auch Björn und Anna waren mit den anderen verschwunden. Er seufzte traurig und wischte sich eine Träne aus dem Augenwinkel. Dann drehte er sich um und ging langsam nach Hause.

When Tobias came back to his house, he didn't feel like talking to his parents at all. He quickly opened the door and ran up the stairs to his room. On the way there, he had to walk past the guest room. Britney's room. Tobias stopped and slowly opened the door. The room was tidied up and looked very empty. No clothes, no shoes, none of Britney's things. She was really gone. Gone back to America. He would not see her for a long time. Tobias sighed sadly and quickly closed the door.

In seinem Zimmer angekommen, warf er sich aufs Bett und vergrub sein Gesicht im Kopfkissen. Ihm war noch immer zum Heulen zumute. Britney war weg, daran ließ sich nichts mehr ändern. Was sollten sie jetzt bloß tun? Dann fiel ihm der Vertrag ein, den sie am Vortag zusammen geschrieben hatten. Er drehte sich um und guckte zur Pinnwand. Da hing der Zettel mit ihren beiden Unterschriften.

The contract had seemed like a good idea yesterday, but now Tobias worried that it would not help. It was not going to be easy to fly to the USA. What if his parents didn't like the idea? What if he couldn't find a job? What if they could not save enough money? So many things could go wrong. Appleton was so far away. He looked around in his room, trying to think. Why did Britney have to live on the other side of the world? Tobias felt sad and hopeless. He missed Britney so much.

Als er so traurig in seinem Zimmer herumguckte, fiel ihm etwas ins Auge. Britney hatte den Bilderrahmen, den er vor drei Wochen neben ihr Bett gestellt hatte, in sein Zimmer zurückgebracht. Doch irgendetwas war anders. Tobias guckte noch einmal genauer hin: Das war ja gar nicht das alte Foto! Britney hatte das Bild ausgetauscht: Jetzt steckte das Foto im Rahmen, das Anna vor ein paar Tagen gemacht hatte. Tobias betrachtete es. Dort stand er, Arm in Arm mit Britney. Beide lächelten glücklich in die Kamera. Hinten auf dem Rahmen klebte ein Zettel. Tobias las, was Britney da für ihn geschrieben hatte. Dann stellte er das Foto vorsichtig zurück ins Regal. Er lächelte. Wird schon alles gut gehen, dachte er.

Don't give up – I'll see you again.
Love, Britney

Stefanie Schulz, Jahrgang 1978, studierte Englisch in Göttingen und den USA, bevor sie 2003 Deutschlehrerin an einer amerikanischen Universität wurde. Dieser Job brachte sie auf die Idee, eine deutsch-englische Geschichte zu erzählen. Zurzeit schreibt sie an ihrer Doktorarbeit über amerikanisches Theater.

Daniel Quinlan, geboren 1979 in Chicago, studierte Physik und arbeitete als Lehrer, Übersetzer und DJ in den USA und Deutschland. Seine Koautorin lernte er 2000 auf einem deutsch-amerikanischen Austausch kennen. Seit 2005 ist sein Wohnsitz Göttingen, wo er für seine Doktorarbeit Laser baut.

Bereits bei rotfuchs von ihnen erschinen:
«See you – im nächsten Sommer» (21352)